JULIA SILVA E CAMILA PIVA

QUERO SER UMA YOUTUBER

CIP-BRASIL. CATALOGAÇÃO NA PUBLICAÇÃO
SINDICATO NACIONAL DOS EDITORES DE LIVROS, RJ

S58q

    Silva, Julia
        Quero ser uma youtuber / Julia Silva, Camila Piva ; [ilustração Camila Nogueira].
1. ed. - Barueri, SP: Ciranda Cultural, 2017.
160 p. : il. ; 21 cm.

    ISBN: 978-85-380-6596-8

        1. Meninas - Conduta - Literatura infantojuvenil. 2. Literatura infantojuvenil brasileira. I. Piva, Camila. II. Nogueira, Camila. III. Título.

17-41266   CDD: 028.5
                                                        CDU: 087.5

© 2017 Ciranda Cultural Editora e Distribuidora Ltda.
Texto: Julia Silva e Camila Piva
Ilustrações: Camila Nogueira
Produção: Ciranda Cultural

1ª Edição
www.cirandacultural.com.br
Todos os direitos reservados. Nenhuma parte desta publicação pode ser reproduzida, arquivada em sistema de busca ou transmitida por qualquer meio, seja ele eletrônico, fotocópia, gravação ou outros, sem prévia autorização do detentor dos direitos, e não pode circular encadernada ou encapada de maneira distinta àquela em que foi publicada, ou sem que as mesmas condições sejam impostas aos compradores subsequentes.

Para quem nos deu a oportunidade
de começar nossa história.

Aos nossos pais:
Paula, Dreyfus, Delma (em memória) e Dorival.

Aos meus pais, à minha família, aos meus seguidores e a toda a equipe da Editora Ciranda Cultural.

Julia Silva

A toda a equipe da Editora Ciranda Cultural por me apoiar em mais um projeto, aos meus leitores, à Márcia Lígia Guidin pela leitura crítica, à Carolina Karkoski, Rosana Karkoski e Jana Rodrigues por suas dicas e aos meus grandes incentivadores: Elizeo K., Elizeo P., Ignez, Miriam, Patricio e Vini.

Camila Piva

"Meu sonho de criança sei que vai se realizar
Vamos sorrir e juntos festejar!"

Trecho da música "Vamos Sorrir"
Composição: Priscilla Alcântara
Intérprete: Julia Silva

DEZEMBRO

26/12, sexta-feira

Mila
(Eu!)

Oi!

Eu não quero chamar você de querido diário, sei lá... acho normal demais. Na verdade, nem sei se quero escrever aqui. Eu já passo tempo demais escrevendo na escola! Usar meu tempo livre pra escrever parece uma grande loucura!

Bom, acho que eu preciso me apresentar, né? Tenho 10 anos, meu nome é Ludmila, mas todo mundo me conhece por Mila. Às vezes as pessoas me chamam de Ludmila na rua e eu nem percebo que estão falando comigo.

Eu gosto do meu apelido! Meu irmão (o nome dele é Guilherme, mas a gente chama ele de Gui) já tentou me colocar outros apelidos, mas nunca conseguiu. Ele não tem muita criatividade!

Hoje não estou a fim de escrever. Mas não posso parar. É que você, diário, faz parte de um plano de fuga! Ganhei você de presente da minha tia Cida. Ontem foi Natal, e ela sempre vem passar o Natal com a gente aqui em casa. Ela mora longe, no interior, e nessa época ela costuma ficar por aqui uns 10 dias, mas parece que fica mais de um mês! É que junto com a minha tia vêm meu tio ~~mala~~ Marcelo e minha prima ~~malinha~~ Marcelinha. Essa dupla não é fácil.

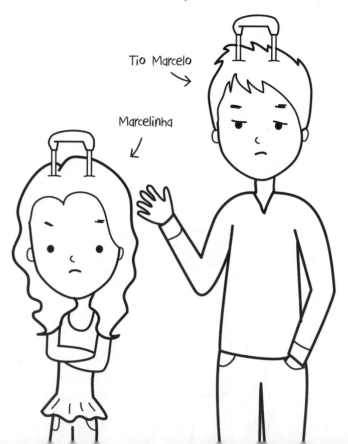

Todo mundo aqui em casa só aguenta os dois por causa da minha mãe. É que a tia Cida é irmã dela. Enquanto elas ficam o tempo todo rindo e conversando, o Gui e eu tentamos sobreviver com a Marcelinha, e meu pai, coitado, fica ouvindo as reclamações do tio Marcelo... ele só sabe resmungar e ver o lado negativo das coisas.

A Marcelinha já me chamou duas vezes desde que eu comecei a escrever. Ela é uma chataaaaaaaaaaa.

Eu disse bem alto que queria curtir o presente que a tia me deu. Minha tia ouviu e pediu pra ela me deixar em paz. Viu só como deu certo o meu plano de fuga?

Cansei de escrever... acho que vou fingir que peguei no sono.

27/12, sábado

Sorriso suspeito

Oi! Estou aqui de novo. Ontem eu fingi tão bem que acabei dormindo de verdade. O pior de tudo é que dormi em cima de você, e pior, você estava aberto! A sorte é que foi meu pai quem guardou você e me levou pra cama. Eu acho que ele leu o que eu escrevi.

Eu peguei no sono muito cedo e acabei acordando às 4 horas da madrugada, e agora estou parecendo um zumbi. Minha mãe não quer me deixar dormir, pra eu não acordar cedo de novo.

Mas eu adorei acordar de madrugada. Fiquei um tempão vendo vídeos no YouTube sem ninguém me atrapalhar!

Eu adoro ver os vídeos da Julia Silva, ela é minha youtuber preferida! Às vezes eu queria ser igual a ela, fazer vídeos, cantar e ter um monte de inscritos.

Quando minha prima está aqui, não tem como assistir nada da Julia. Ela não consegue ver nenhum vídeo sem interromper com comentários chatos.

#comsono

28/12, domingo

Ontem a gente foi dar um passeio em família e descobri que meus tios vão embora amanhã. Na verdade, eles vão pra Disney e nós vamos levá-los ao aeroporto. Eles vão todo ano pros Estados Unidos, mas eu nunca fui pra lá.

Minha prima não se aguenta de tanta ansiedade, ela só sabe falar disso! Ontem, de tanto ela falar da Disney, comecei a chamá-la de Pateta, o Gui começou a rir e ela ficou furiosa.

Minha mãe brigou comigo e me proibiu de acessar a internet até meus tios irem embora. MAIS UM MOTIVO PRA EU TORCER PRA ELES VOAREM DAQUI LOGO.

Amanhã, depois que eles partirem, não vou mais precisar ficar escrevendo pra fugir da minha prima. Mas acho que vou voltar pra continuar falando com você. Até que eu gostei desse troço de diário.

29/12, segunda-feira

EBAAAAAAA! Eles se foram!

Minha prima é tão sem noção que tirou o chaveiro da Disney que ela tinha dentro da bolsa e me deu de "presente", falou que ia comprar um novo (pra ela, é claro!), mas que eu podia ficar com o chaveiro velho. Que ridículo!!! O chaveiro está até mordido e faltando um pedaço.

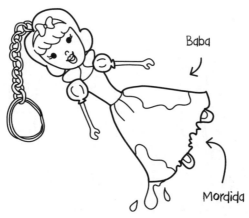

Minha mãe ficou emocionada com a atitude boboca dela e me obrigou a dar um abraço de agradecimento e dizer o quanto era legal aquilo.

#ninguemmerece

30/12, terça-feira

Amanhã é dia de festa! É o dia em que a gente se despede de um ano velho e comemora o ano novo. A mãe da Malu deixou ela dormir aqui em casa! A Malu é minha melhor (e única) amiga. Estou ansiosa. É o único dia do ano que temos três opções de sobremesa!

Bom, no Natal a gente também tem, mas não conta muito porque tem a Marcelinha, e ela azeda qualquer momento.

A única coisa chata é que a gente tem que esperar até a meia-noite pra jantar. Só o Gui pode comer mais cedo. Meus pais mimam muito ele! Só porque ele tem 7 anos...

31/12, quarta-feira

Faltam só 7 horas pra começar um novo ano! A Malu está no banho. A gente combinou que este ano vamos fazer um pedido à meia-noite em ponto! Um desejo pra se realizar no ano que está começando.

A grande questão é: o que vou pedir? É muita responsabilidade! Pensei em pedir uma cauda de sereia igual à da Julia Silva, mas aí eu lembrei que não sei nadar! Então, achei que seria legal pedir pra aprender a nadar, mas não tenho piscina. Eu poderia até pedir uma piscina, mas meu pai vai acabar reclamando do preço da conta de água.

Bom, eu pensei numa coisa... será mesmo que daria certo? Seria a coisa mais legal do mundo! A Malu disse que não tem erro! E aí? Peço ou não peço?

Eu sinto até um frio na barriga quando penso nisso! E dizem que quando dá frio na barriga é porque a gente quer muito, muito mesmo!

22h30

Voltei! Contei pra Malu o que estou pensando em pedir. Ela me incentivou bastante! Disse que ia adorar que meu sonho se tornasse realidade. Só falta uma hora e meia pra meia-noite.

23h50

Voltei só pra dizer que está decidido!!!

EU QUERO SER UMA YOUTUBER!!!

#partiufazeropedido

JANEIRO

02/01, sexta-feira

Ontem fiquei o dia todo planejando meu canal com a Malu! Fizemos uma lista do que precisamos:

- Contar pros meus pais
- Pensar num nome pro canal
- Criar o canal
- Celular da minha mãe pra gravar
- Brinquedos
- Desafios (coisas iradas)
- Treinar autógrafos
- Óculos escuros pra não ser reconhecida pelos paparazzi

Vai ser superdivertido ter um canal!

Minha mãe disse que, quando ela tinha a minha idade, não existia celular, nem internet! Puxa! Como é difícil acreditar nisso. O Gui disse que devia ser legal, porque pelo menos tinha dinossauros. Minha mãe não gostou muito desse comentário. Os dinossauros foram extintos há mais de 50 milhões de anos! Minha mãe não é tããão velha assim.

03/01, sábado

Aproveitei o almoço pra contar pros meus pais sobre a minha ideia. Achei que eles ficariam superanimados, mas o que aconteceu não foi bem o que eu esperava.

Tentei ignorar o Gui e expliquei que ser uma youtuber era muito importante pra mim, e que além disso o pai e a mãe poderiam participar, assim teríamos mais oportunidades pra nos divertirmos juntos! Essa última parte foi realmente muito boa! Meu pai mudou na hora a posição das sobrancelhas.

Mostrei meu plano pra eles! Afinal de contas, além de precisar de autorização pra botar em prática, eu vou precisar de patrocínio, ou melhor, do celular da minha mãe! É que o meu tem uma câmera horrível e serve, praticamente, só pra falar e mandar mensagens. Já o celular da minha mãe é o melhor de todos daqui de casa.

Meus pais ouviram atentamente o meu plano, mas meu pai não entendeu muito bem o que são os desafios que eu quero gravar. Aí ele procurou na internet e viu um menino bizarro grampeando a própria boca com um grampeador de papel! Por causa disso, ele me proibiu de fazer desafios e me passou uma lista de recomendações.

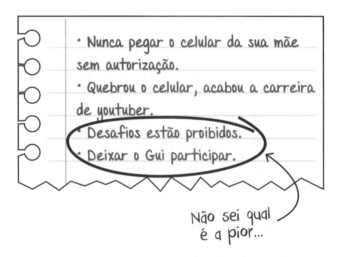

07/01, quarta-feira

Foram vários desafios até agora, e olha que não estou falando dos desafios que meu pai proibiu, mas sim dos desafios da vida de youtuber. Isso não é nada fácil!

Pra começar, eu tive que criar um nome pro canal, e todos que eu gostava já existiam... Eu queria o MilaTuber, mas já tinha, então pensei em MilaTuber433 (433 é o número da minha casa!).

O segundo desafio é: que vídeo fazer?

A Julia Silva fez um vídeo falando dos presentes que ela ganhou no Natal. Mas eu não ganhei nada de que valesse a pena falar! Quem se interessaria em ver um vídeo sobre pijamas ou sobre um "maravilhoso kit de escovação"? (sim, eu ganhei um kit de escovação do meu tio, ele é dentista...).

Interessante! SQN

Decidi falar sobre a minha boneca, mostrei como eu penteio o cabelo dela e fiz até uma historinha. Foi superdivertido! O Gui não quis participar, ainda bem. Ele disse que não quer aparecer com uma boneca e que estava mais interessado em caçar gnomos. Ultimamente ele está fascinado com isso, passa o dia todo com os amigos fazendo armadilhas pra gnomos. Melhor assim! Pelo menos ele me dá sossego.

O importante é que meu primeiro vídeo já está no ar!!!

09/01, sexta-feira

Tenho quatro inscritos! Tudo bem que é o meu pai, a minha mãe, a Malu e a mãe da Malu... Mas é legal ter quatro inscritos! Meu pai falou que o vídeo da boneca ficou ótimo!

10/01, sábado

Minha mãe está toda orgulhosa do vídeo que gravei, ela já mostrou pro pessoal do trabalho dela e hoje mostrou pra uma vizinha que estava aqui em casa. Mas a mulher não gostou nadinha do vídeo e me perguntou se já não sou grande demais pra brincar de bonecas.

Minha mãe ficou brava com o comentário nada necessário da nossa vizinha e perguntou se ela não era grande demais pra saber que não existe idade pra brincar e se divertir. E pra fechar a conversa, disse que bom senso cabia pra todas as idades, e que ela (a vizinha) já deveria ter aprendido isso em vez de recriminar uma garotinha por estar apenas brincando. Essa última parte foi tensa, a vizinha se levantou do sofá e foi embora.

Sabe, na hora em que ouvi a pergunta, eu fiquei um pouco chateada... Tem umas meninas da minha classe que disseram que não brincam mais de bonecas, mas eu gosto de brincar! E tem um monte de gente que também gosta. A Julia Silva, por exemplo, também adora bonecas e brinquedos! Qual o problema? Qual é o mal que a gente faz por brincar? Vai ter uma terceira guerra mundial por causa disso?

Não deixe que esses comentários interfiram na sua vida. Vá brincar!

Sinceramente, eu me divirto muito! Do mesmo jeito que minha mãe quando cuida do jardim e meu pai quando lava o carro. Por que as pessoas insistem em querer dizer como a gente deve se divertir?

Às vezes, quando estou brincando no jardim, eu vejo o sorriso da minha mãe quando ela poda as plantas, meu pai feliz limpando o vidro do carro e o Gui fazendo armadilhas pra gnomos. Todos nós temos o mesmo sorriso no rosto. Estamos vivendo nosso pequeno momento de alegria. E é isso que importa. EU ADORO BONECAS, ADORO INVENTAR HISTÓRIAS COM ELAS. E daí se eu já tenho 10 anos? Se eu tiver vontade de brincar com bonecas aos 30, eu vou brincar, e ponto final.

#gentechatamecansa

11/01, domingo

Que saco, que saco, que saco! Tentei gravar o dia todo, mas o chato do Gui não deixou! Ele assistiu a um garoto dizendo que é mais fácil ver gnomos pelo visor do celular, então ficou com o celular, ou melhor, apoderou-se do celular da mãe, que tem a tela bem grande, o fim de semana inteiro.

A Julia Silva é filha única, talvez por isso ela consiga fazer vídeos legais... Não tem que ficar dividindo o tempo e as coisas com outra pessoa.

#prontofalei

15/01, quinta-feira

Ganhei mais um inscrito!!! E eu nem sei quem é!
Não é o Gui, porque ele nem tem usuário no YouTube.
Bom, se já tenho um inscrito desconhecido só com um vídeo, imagine quando tiver um monte!!! Preciso começar a produzir logo, a Julia tem mais de 800 vídeos!

Vou estar velha quando eu tiver 800 vídeos!!!

Eu preciso gravar muito mais que 2 vídeos por semana! E agora?

#frustrada

16/01, sexta-feira

Falei com a minha mãe ontem e ela me mostrou os vídeos antigos da Julia e as datas. Acredite! Ela fazia um ou dois vídeos POR MÊS!!! Minha mãe falou pra eu ficar tranquila e ir fazendo aos poucos, que a quantidade não importa. Um dia, quando eu pegar o jeito, poderei gravar mais.

Não tenho escolha... Vou seguir o conselho dela. Mães, quando não dão broncas, dão conselhos legais.

17/01, sábado

Gravei mais um vídeo! Acabou de entrar no ar.

Consegui me livrar do Gui, fui gravar na casa da Malu! A mãe da Malu emprestou o tablet dela.

No vídeo de hoje eu falei sobre "tipos de amigas".

- Amiga Chata
- Amiga Gulosa
- Amiga Curiosa
- Amiga Preguiçosa
- Melhor Amiga

Eu não tenho muitas amigas, na verdade eu só tenho a Malu mesmo. Aqui perto de casa quase não tem meninas da minha idade e na escola eu sou mais na minha.

A Malu é um pouco excêntrica, ninguém quer andar com ela porque as pessoas não entendem muito bem as coisas que ela fala. Eu sempre a via sozinha, então me aproximei e a gente passou a andar juntas. A Malu é uma nerd exótica muito gente boa. Valeu a pena fazer amizade com ela, mesmo que às vezes ela fale outra língua.

25/01, domingo

Finalmente estou em casa! Meu pai cismou de passar uma semana na casa da vovó.

A vovó é muito legal, eu amo a vovó, mas na casa dela não tem internet! Como será que ela sobrevive?

Pra completar meu tédio, minha mãe não me deixou filmar nada! Disse que tinha que deixar o celular livre pras fotos da viagem! Olhe, sinceramente, eu não sei o que minha mãe entende por "fotos de viagem", porque ela tirou, praticamente, só fotos de flor e plantas! Falei pra ela que, se ela pesquisar por flor e folha na internet, vai aparecer um monte de fotos iguais às dela, e até melhores, mas ela não deu atenção, não me emprestou o celular e na volta ainda lotou o carro de plantas. Parecíamos uma moita ambulante!

Carro moita

O único que se divertiu foi meu irmão, ele gostou muito de ficar na vovó. A ~~caverna~~ casa da vovó fica praticamente numa selva e, segundo ele, as possibilidades de encontrar gnomos nesses locais são bem maiores do que nos jardins da nossa vizinhança. A vovó tinha um binóculo na casa dela e deu de presente pro Gui. Ele ficou encantado com aquele negócio velho. Pelo menos não vamos precisar ficar mais disputando o celular da minha mãe.

Como fiquei muito tempo sem postar nada no canal, hoje postei um vídeo explicando por que sumi. Espero que minha mãe assista e sinta meu drama.

#chateada

26/01, segunda-feira

Começaram minhas aulas, ainda bem que caí na sala da Malu de novo. Ela senta na minha frente.

A professora pediu pra gente fazer uma redação contando como foram as nossas férias.

Contei sobre minha prima, sobre a caverna da vovó, os gnomos do Gui e sobre meu mais novo trabalho de youtuber. A professora gostou bastante da minha redação. Disse que fui uma das poucas crianças da sala que não fez uma grande viagem, mas que mesmo assim se divertiu muito.

O ruim de ela ter gostado do meu texto é que, quando as professoras gostam de algo, elas contam pra toooooodo mundo!

A sala inteira teve que ouvir o quanto eu era criativa e, ainda por cima, tive que ler a minha redação pra todo mundo ouvir. Agora as meninas me chamam de "exemplinho". Obrigada, professora, por me ajudar a fazer novos amigos. Só que não.

28/01, quarta-feira

Ontem à noite assisti a um vídeo superlegal da Julia Silva em que ela falou de esmaltes. Eu adoro as unhas dela! Comentei o vídeo perguntando qual era o nome do esmalte que ela estava usando, e ela respondeu!!! Fiquei surpresa! É tanta gente comentando e perguntando coisas que, se ela for responder pra todo mundo, ela vai fazer só isso da vida, mas ela sempre escolhe algumas perguntas pra responder, e dessa vez escolheu a minha!

Vou fazer um vídeo sobre unhas também! Achei legal.

29/01, quinta-feira

Hoje recebi dos correios uma caixa da vovó com um presente. Uma câmera! Puxa vida, imagine só não depender mais do celular da minha mãe pra gravar!

A vovó me viu reclamando por não conseguir filmar na semana que fiquei na casa dela e resolveu me dar de presente uma câmera que ela tinha. Eu precisei ler a cartinha que veio junto pra entender o que era aquilo.

Mila,
Espero que você goste do presentinho! É uma câmera de muita qualidade. Tenho certeza que vai filmar você muito bem e que os vídeos ficarão lindos.
Estou mandando umas fitas junto, você pode gravar nelas.
Beijos,
Vovó

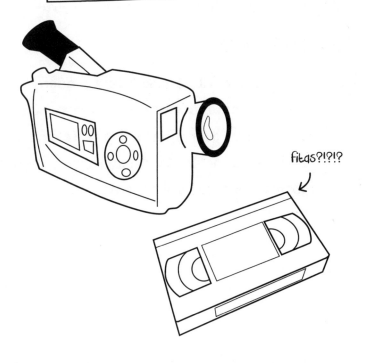

fitas?!?!?

Eu não entendi nadinha! Só vi o meu pai caindo na gargalhada. Depois que ele se cansou de rir, me contou que aquela câmera era muito antiga, que os vídeos eram gravados em fitas e que, depois de gravar, tinha que colocar as tais fitas num tal de videocassete, que ficava ligado na TV, e só então é que as pessoas conseguiam assistir ao que tinham filmado.

É meio estranho, muito bizarro de entender... Mas, de qualquer forma, não serve pra internet, e não tem qualidade nenhuma. Aliás, deveria ter uma lei que proibisse chamar aquilo de câmera!

#decepção

Nem o Gui quis pra ele. E olha que ele adora tranqueiras. No momento, a câmera está servindo de decoração no meu quarto, minha mãe falou que é <u>vintage</u> e que está na moda deixar alguns objetos antigos expostos como decoração. Então tá...

30/01, sexta-feira

Já contei que na minha escola tem uma garota que é youtuber? É a Giorgina, ela tem 254 inscritos! Não chega nem perto da Julia Silva, mas 254 pessoas é gente pra caramba!

Estou pensando em falar com ela. Nunca nos falamos, mas vou criar coragem e procurar a Giorgina na hora do recreio. Quem sabe ela topa fazer um vídeo comigo e divulgar meu canal?! Seria maravilhoso.

Giorgina

A Malu acha que não vai dar certo, falou que a Giorgina vai acabar me ignorando. Não sei não, pra mim a Malu está com ciúmes. A Giorgina está sempre cercada de gente. Ela é popular.

A gente tem que usar o uniforme na escola, mas a Giorgina é muito descolada, ela deu um jeito de ter um estilo próprio até de uniforme. Sabe como? Amarrando um lenço no pescoço! E cada dia é um lenço diferente, ela nunca repetiu. Tem um monte de garota que tenta imitar, mas ninguém consegue ser igual a ela.

31/01, sábado

Hoje filmei minhas bonecas vampiras e inventei um Halloween! Foi bem divertido. Tentei fazer a decoração, não ficou muito boa... Mas é Halloween! Então dá pra disfarçar que ficou monstruosa de propósito...

Eu até escolhi as músicas da festa! Foi a parte mais divertida.

O Gui quis fazer um vídeo mostrando a coleção de elfos, gnomos e dinossauros dele. Eu disse pra ele que isso era assunto pra três vídeos, mas ele não quis saber.

Enfim, gravamos o vídeo dele também, e óbvio que ficou horrível! Ele não sabe fazer direito, não olha pra câmera e ainda criou um bordão!

Bordão é um tipo de frase que as pessoas usam e ficam repetindo como uma marca registrada delas. A Julia Silva tem um: "Beijos monstruosos e eletrizantes". Mas o bordão da Julia tem tudo a ver, já a frase do Gui...

Aff!

Por sorte, descobri um jeito de me livrar dessa vergonha, vi que existe uma maneira de publicar os vídeos em um modo privado, ou seja, que ninguém vê! Então coloquei o vídeo dele nesse modo, assim ele fica feliz achando que está participando do meu canal, e eu fico livre de pagar mico.

05/02, quinta-feira

#triste e sem vontade de escrever. Até queria desabafar aqui, mas falar sobre o assunto vai me deixar mais triste. Então eu conto outro dia.

08/02, domingo

Sim, eu ainda estou triste.

Essa semana foi só tragédia. Achei que seria uma semana maravilhosa... Na segunda-feira acessei o canal e vi que tinha algumas curtidas novas, mas na terça tudo mudou!

Começou quando a minha mãe descobriu que o vídeo do meu irmão estava privado, ela ficou uma fera e pediu pra deixar o vídeo público. Falei que faria um canal só pro Gui, mas ela realmente não entende isso! Quer que a gente seja inseparável!

Fala sério! O Gui é um pirralho! Não posso envolvê-lo em tudo que vou fazer. Eu tenho pânico de pensar nisso.

Já pensou no dia em que eu me casar? Vou ter que levar o Gui pra morar comigo?

Noivo da Mila, você aceita o Gui como seu legítimo cunhado? Promete amá-lo e respeitá-lo todos os dias de sua vida?

Mas isso nem foi o pior! Quando fui deixar o vídeo do Gui público, vi que havia um comentário no meu último vídeo.

GatoHater Há 4 dias

Credo, você só tem isso de seguidor? Também, com esses vídeos ridículos... Não sabe nem filmar...

Responder •

Na hora fiquei com muita raiva, não aguentei e respondi.

MilaTuber433 Há 1 minuto

Ridículo ou Ridícula é você! Não tem coragem nem de mostrar a cara!!! Vai procurar o que fazer!

Responder •

Ganhei um inimigo! Pouco tempo depois, ele (ou ela) comentou mais de uma vez nos vídeos. Pra ser sincera, 27 vezes!

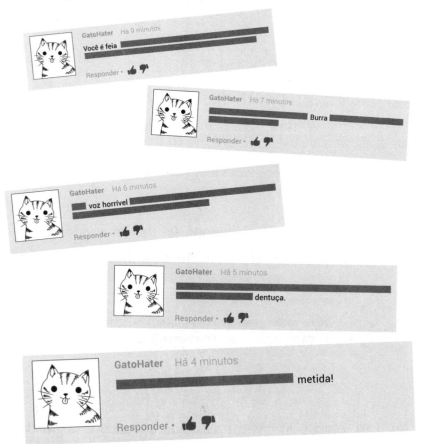

Isso me deixou muito triste. Essa pessoa que escreveu foi muito má, apontou vários defeitos em mim e nos meus vídeos.

Minha mãe percebeu que eu estava triste e me perguntou o que tinha acontecido, eu contei, ela leu os comentários, conversou com meu pai e no jantar disse pra eu deletar meu canal. Falou que sou muito criança pra essas coisas e que, quando crescer, eu poderei voltar a ser uma youtuber.

COMO SE NÃO BASTASSE LER TUDO AQUILO, AINDA SOU PUNIDA? A CULPA AGORA É MINHA? O QUE EU VOU FAZER? ESPERAR FICAR VELHA?

QUE CHATO TUDO ISSO!!!!

12/02, quinta-feira

O que eu vou fazer agora? Estou desanimada.

Contei pra Malu e ela também ficou superchateada. Falou pra eu não levar em consideração as coisas que os haters fazem. Eu não sabia o que era hater, e a Malu me explicou que os haters são pessoas que praticam o bullying virtual. São os "odiadores". Gente que gasta tempo odiando os outros...

Malu sendo Malu

Quando cheguei em casa, fui até o computador procurar alguma postagem que falasse disso. Fiquei surpresa quando vi um vídeo da Julia Silva onde ela desabafa exatamente sobre essas pessoas que ficam xingando os outros na internet. Ela disse que não liga pros comentários e que não entende por que as pessoas fazem isso. Eu também não entendo! É muita falta de educação. Mas me senti bem melhor quando vi a Julia falar a respeito. Descobri que ela também passa por isso e que isso não a desmotiva.

14/02, sábado

Minha mãe me chamou pra conversar. Ela viu como eu estava triste, e contei tudo pra ela. Contei que não achava justo ficar sem o canal, que eu queria muito ser youtuber e até mostrei o vídeo da Julia Silva pra ela.

Minha mãe pesquisou bastante sobre o assunto e leu que os pais ou os responsáveis de youtubers cuidam dos canais deles. Disse que tem até um jeito de deletar os comentários que tenham certas palavras escolhidas por eles.

Ela contou que vai fazer isso pra me ajudar e que eu posso voltar com o canal. A atitude dela de me proibir de fazer vídeos e divulgar era por preocupação comigo, ela tinha medo de me ver triste e fez isso pra me defender. Mas ela pensou melhor e chegou à conclusão de que a gente não pode desistir dos nossos sonhos, nunquinha.

Eu também pensei muito nisso e percebi que fiquei muito mais chateada por estar longe do meu canal do que por ler aquelas coisas. Então quer saber? Eu nem ligo mais! Como diz a Julia:

É isso mesmo que vou fazer, realizar os meus sonhos! Ou isso ou eu estaria realizando o sonho do hater que me xingou! Afinal o que essa pessoa queria? Me ver longe da internet. Eu, hein! Ele ou ela, que procure o que fazer.

Ah! Eu ainda aproveitei a conversa com a minha mãe e falei mais sobre minhas ideias pro canal, mostrei pra ela o que eram os desafios, mostrei alguns vídeos da Julia e ela entendeu. Disse que mostraria pro meu pai e que, se os desafios forem assim, tudo bem, posso fazer! Ebaaaaaaaaaaaaaaa!

Depois, eu também tentei argumentar sobre o Gui e as participações dele. Ela disse que acha importante a gente fazer algumas coisas juntos. Eu falei que já dormia na mesma casa que ele, tinha os mesmos pais e que comia na mesma mesa, mas não teve jeito. Bom, pelo menos os desafios estão liberados e meu canal está no ar de novo!

#naodesistanunca

18/02, quarta-feira

Estou pensando em criar um estilo próprio. Percebi que todo mundo tem seu jeitinho de começar os vídeos! A Julia Silva, por exemplo, fala "Oi, pessoal!", eu acho essa frase perfeita! Mas não posso imitar a Julia, né? Por isso, pensei em algo bem original! Vou começar meu vídeo assim:

Estou cheia de planos! Meu próximo vídeo vai ser um desafio e, além disso, decidi que amanhã vou falar com a Giorgina, lembra dela? A garota youtuber da minha escola. Vou pedir pra gravarmos juntas!

#partiusucesso

19/02, quinta-feira

#pessimaideia!

Falei com a Giorgina. Bem que a Malu me avisou que ela não ia me dar atenção.

Ela pensa que é "a adulta" só porque está um ano escolar na nossa frente! Disse que nunca tinha ouvido falar de mim, nem na escola e muito menos na internet! Disse isso e saiu andando e jogando os cabelos. A Malu ficou só de longe olhando e eu tive que fingir que estava amarrando o tênis. Pra completar a vergonha, eu estava de sandália! Tomara que ninguém tenha percebido. Meu rosto ficou quente igual a um pastel que acabaram de fritar.

Estava esperando que ela me ajudasse... Será que ela nunca ouviu falar sobre parcerias?

A Malu vem em casa no sábado pra fazer um desafio.

Eu tenho a melhor amiga do mundo, não preciso de Giorgina nenhuma.

22/02, domingo

Ontem gravamos nosso primeiro desafio!!! Fizemos o desafio da leitura labial. É assim: uma pessoa fica com fone, ouvindo uma música bem alta, e tenta adivinhar as frases que os outros, que estão sem fone, dizem.

O Gui também participou, e óbvio que todas as frases dele tinham a palavra "gnomo".

Agora que nós temos vários vídeos legais, pensei em divulgar o canal! A Malu deu uma ideia bacana: vamos espalhar propagandas!

27/02, sexta-feira

Parece que todas as propagandas deram certo! Entregamos na escola e na minha rua vários panfletos que imprimimos no computador.

Ganhei 11 inscritos. Meu último vídeo tem 22 visualizações!!!

Estou pensando em fazer uma festa. A Julia Silva fez uma pra comemorar 1 milhão de inscritos. Por que não posso fazer um piquenique pra 11 pessoas? Vou gravar um vídeo convidando meus inscritos a comparecerem lá na pracinha, é só levar um lanche e um suco ou, se não puderem ir, podem gravar um vídeo de volta pra mim, desse jeito vou poder conhecê-los.

Vai ser show!

#animada

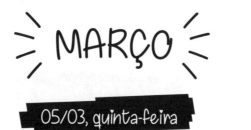

05/03, quinta-feira

Essa semana está intensa, minha professora resolveu passar um monte de lição! Justo na semana do meu evento, o Grande Piquenique da MilaTuber433!

#ninguemmerece!

Já postei o vídeo convidando as pessoas. O vídeo do convite já teve 47 visualizações.

Não vejo a hora de conhecer meus inscritos.

08/03, domingo

É hojeeee! O dia está lindo.

Já pedi pra minha mãe não esquecer o celular! Não posso perder a oportunidade de gravar um vídeo lá!

Só estou preocupada com uma coisa. O Gui resolveu criar lembrancinhas pra festa! Ele fez umas coisas superestranhas com argila, diz ele que são réplicas de gnomos...

Pra mim, elas se parecem só com bolas de argila mesmo. Falei que não ia levar isso pro piquenique, meu pai ouviu e não gostou nadinha! Falou que eu tinha que agradecer por ter um irmão tão participativo!

#socorro

11/03, quarta-feira

É, eu demorei, eu sei disso... É que eu não estava a fim de escrever.

Não estava a fim de vir aqui dizer que ninguém apareceu! E também não estava a fim de dizer que **FUI ENGANADA!!!**

Sabe quem apareceu no Grande Piquenique da MilaTuber433?

Eu, o Gui, meu pai, minha mãe, a Malu, a mãe da Malu e uma pirralhinha da sala do Gui, a Talita!!!

A Malu ficou bem feliz que a Talita foi. É claro! Ela não imaginava que eu tivesse uma inscrita de verdade!

Sabe por quê? Porque os outros inscritos eram todos **FALSOS!!!** A Malu criou usuários de mentira e se inscreveu no meu canal. Segundo ela, era pra me deixar mais animada. Ela só não contava com o fato de eu querer fazer uma festa. Por isso que ela estava tentando me convencer a desistir.

Ela disse pra eu ficar feliz que pelo menos eu já tinha uma fã. Sabe, eu não quero ser mal-agradecida em relação à Talita, mas ela é uma criancinha! Eu vou ser popular no berçário, é isso?

Eu vou contar uma coisa, nojenta, pra você ter uma ideia de como ela é um bebê... Ela comeu as lembrancinhas!!!

Lembra das "réplicas de gnomos"? Ela comeu achando que era chocolate! Comeu argila! COMEU ARGILA!!! Essas crianças são bizarras!

Pior que agora ela não para de me seguir na escola e todo dia me apresenta uma criancinha da sua turma!

AHHHH! E SABE AS 47 VISUALIZAÇÕES DO MEU VÍDEO???

#desacocheio

14/03, sábado

Sonhei com a Julia Silva esta noite. Éramos amigas e ela me dava dicas de como fazer meu canal bombar! Acordei com uma sensação ótima, mas não me lembro nadinha das dicas que ela deu. Eu gosto tanto dela!

Queria ter um canal igual ao dela, que as pessoas curtissem e comentassem. Queria ser convidada pra ir na TV... Eu sei que vou conseguir, eu sei que vou!

A Malu me ligou pedindo desculpas, eu fiquei bem longe dela essa semana pra ela sentir como é ficar sozinha! O ruim é que, como eu só tenho ela de amiga, acabei ficando sozinha também... Mas poxa, o que ela fez foi horrível. Paguei um micão.

Ela justificou que só queria me ver motivada e feliz e prometeu nunca mais me enganar, nem aqui e nem numa tal de Nárnia. Fazer o que, né? Ela é minha amiga! E amigos perdoam. Eu entendi que ela quis fazer o bem...

Que pelo menos isso sirva de lição pra ela: não dá pra fazer o bem tendo atitudes ruins, como mentir, por exemplo! Não é do bem quando a gente usa o mal pra fazer o bem! Entendeu? Parece confuso, mas é simples.

15/03, domingo

Iupiiiiiii! Hoje vou gravar com meu pai! Vamos fazer um vídeo de maquiagens. Ele vai me maquiar e eu vou maquiar ele. Vai se chamar: tal pai, tal filha. Acho que vai ser divertido! Fiquei feliz que ele topou. Achei que ele não ia querer, meu pai é careta, do tipo que estraga qualquer festa a fantasia indo de roupa comum e fazendo piada sem graça.

O Gui disse que isso é ridículo. Coitado, está com ciúmes!

#talpaitalfilha

24/03, terça-feira

O vídeo do meu pai sendo maquiado fez um baita sucesso. Até umas garotas da minha sala que eu nunca tinha conversado vieram falar comigo. Elas assistiram, se inscreveram e disseram que riram muito!
Mas nem tudo são flores, além delas a professora também me chamou pra uma conversa. Disse que não fui bem nos exercícios que ela passou. Que antes eu acertava todas as questões e agora não acertei nem a metade.
Ainda bem que não valia nota. Acho que foi aquele lance que aconteceu com os comentários, sabe? Ficar sem o canal... Naquela semana eu fiquei meio desligada.

25/03, quarta-feira

Você não vai acreditaaaaaaaar!
A Julia Silva lançou um livro e vai dar autógrafos num shopping pertinho da minha casa! A Malu acha que meu sonho foi uma espécie de sinal! Bom, se foi ou não, SÓ SEI QUE VOU CONHECER A JULIA SILVAAAAAAAA!!!

#animada

26/03, quinta-feira

Hoje postei um vídeo sobre esmaltes! Minha mãe me emprestou os esmaltes dela e fiz uma resenha de várias cores. Ficou bem legal. Óbvio que ficaria melhor se minha mãe deixasse eu ter unhas maiores, mas ela não deixa, e não tem naaaaada que eu fale que a convença. Fazer o quê? Quem não tem unhas de gato que seja feliz com unhas de carrapato. (Nossa, essa foi péssima!)

#eutoengraçadinha
#vouconheceraJulia #hahaha

29/03, domingo

Estou ansiosa! Falta só uma semana pra ver a Julia de pertinho!!! Já fiz uma listinha de perguntas num papel pra não esquecer de perguntar nenhuma!!!

ABRIL

05/04, domingo

Acabei de chegar da sessão de autógrafos com a Julia Silva. Adivinhe!

Sou uma tremenda azarada!

10/04, sexta-feira

Desculpe o meu mau humor da última vez.

Mas me responda: por que sou tão azarada???

A sessão de autógrafos com a Julia era por SENHA! Só que eu acabei esquecendo disso e, quando cheguei lá, as senhas já tinham acabado!!!

Foi muito, muito injusto! Eu implorei pra eles me deixarem falar com ela, mas a moça da livraria disse que não tinha jeito!

← coração partido

Que tipo de adulto faz uma coisa dessa com uma criança???

Meu pai me colocou nos ombros pra eu tentar ver a Julia, mesmo de longe. Ela estava linda de vestido azul! Acenei, mas ela não me viu.

#azarada

15/04, quarta-feira

Queria fazer um vídeo sobre material escolar. Mas o meu material da escola é tão sem graça. Meu estojo é o mesmo do ano passado, e está todo sujo de tinta. Minhas canetas não têm nada de diferente e minha mochila é tão comum. O material da Malu só não perde pro meu porque ela tem uma coleção de canetas com glitter, mas a mochila dela é a coisa mais horrorosa que já vi. Foi ela mesma que fez com pedaços de outras mochilas. A Malu é excêntrica.

Mochila Frankenstein

18/04, sábado

Estou encrencada! A Malu e eu tivemos a brilhante ideia de fazer o vídeo de material escolar com as coisas de outra garota. Claro que isso não teria nada demais se a garota soubesse, né?

A Malu levou o tablet da mãe dela pra escola, e na hora do recreio, quando todo mundo estava lanchando no pátio, entramos escondidas na sala de aula e começamos a gravar. Abri a mochila da Larissa, que estava lá fora, e fui mostrando tudo que tinha dentro, só que bem na hora a professora entrou na sala. Tomamos o maior susto e fomos parar na diretoria. A diretora, que parece um dos gnomos do Gui, queria saber o que a gente estava fazendo mexendo nas coisas de outra pessoa. Eu pensei em dizer que me confundi e achei que fossem as minhas coisas, mas a Malu ficou morrendo de medo e inventou a história mais absurda do mundo.

Resultado: chamaram a Larissa pra mostrar o que ela tinha dentro da mochila. Coitada da garota, estava assustada e não entendeu nadinha!

Óbvio que não encontraram nada! Pediram pra ela voltar pra sala e nos deram uma advertência. Agora preciso explicar tudo pra minha mãe e pedir pra ela assinar o papel da escola.

~~#encrencada~~
#absurdamenteencrencada

22h00

Contei pra minha mãe. Claro que ela ficou uma onça! Não sei por que as mães ficam bravas com a gente quando a gente mais precisa delas! Poxa vida, será que elas não sabem que entrar em uma confusão já deixa a gente triste? Até agora eu não consigo olhar pra Larissa! Eles não explicaram nada pra ela. A Malu quis explicar, mas eu não deixei! Já pensou se ela inventa outra história maluca?

Só sei que estou de castigo, duas semanas sem internet, sem vídeos, sem jogos, sem TV e com vergonha de encarar a Larissa.

#mundocruel

22/04, quarta-feira

Ainda estou de castigo. Minha mãe sempre cumpre a palavra dela, os castigos nunca terminam antes.

A Malu, além de sofrer o mesmo castigo que eu, ainda foi proibida de pegar o tablet, por tempo indeterminado! Ou seja, adeus vídeos na casa da Malu e na escola...

Estou sem nada pra fazer, além de estudar! O Gui me chamou pra fazer armadilhas de gnomo com ele, e eu até topei, mas não consegui ficar mais de trinta minutos fazendo aquilo. Sinceramente? Acho que o Gui é doido. Só o tédio mesmo pra me fazer perder tempo com bobagens.

Ontem a vovó me ligou pra saber se estou gostando da câmera que ela me deu. Me pegou de surpresa...

27/04, segunda-feira

Esse castigo não acaba nunca!!! Ontem, pra completar a beleza da coisa, só que não, minha prima ~~malinha~~ Marcelinha veio passar o domingo em casa. Com a Malu de castigo e eu sem poder acessar a internet e ver TV, não tive escolha a não ser aguentar a Marcelinha. Agora ela tem um novo assunto: criticar meus vídeos.

Criticou, criticou, mas quando foi embora falou de gravarmos juntas da próxima vez. Minha mãe sempre diz que quem critica muito a gente, na verdade, nos admira em segredo. Ela leu isso em algum lugar. Minha mãe é muito sábia!

Isso não é coisa de criança. Você vai acabar sendo perseguida na rua, ou agarrada, você pode ser até pisoteada!

Meu tio ~~mala~~ Marcelo, como sempre, deu sua opinião exageradamente pessimista...

30/04, quinta-feira

Hoje na saída da escola encontrei a Talita, lembra dela? Aquela que é inscrita no meu canal, amiga do Gui, que comeu as lembrancinhas do piquenique.

Então, ela soube que estou de castigo. O Gui contou, é lógico, não consegue segurar a língua na boca, mas enfim, ela escreveu uma cartinha assinada por ela e pelas amigas pra eu entregar pra minha mãe.

> Dona Mãe da Mila,
>
> Deixa a Mila voltar a gravar, por favor!!!
>
> Talita, Maria Vitória, Duda e Pam ♡

Cara, eu tenho um baby fã-clube! Até que foi legal, tirando o fato de o Fabinho, um garoto insuportável da minha sala, passar bem na hora, pegar a carta da minha mão, ler em voz alta e ficar tirando sarro de mim.

Minha mãe gostou da cartinha, mas disse que meu castigo só termina domingo. Eu não disse que ela não dá moleza?

MAIO

03/05, domingo

O castigo terminou! Mas amanhã tenho prova de português. Que belo momento pra provas escolares...

#socorro

08/05, sexta-feira

Depois do que aconteceu quando fui tentar gravar com o material escolar da Larissa, pensei numa ideia! E se eu divulgar meu endereço pra receber coisas? As youtubers vivem ganhando presentes! Assim não vou precisar das coisas dos outros pra gravar.

É isso que vou fazer!

#eusougenial

16/05, sábado

PARA TUDO!

A Julia Silva vai fazer outra tarde de autógrafos no shopping! Ok, calma, respira fundo! Não vou criar expectativas, da última vez foi horrível.

Eles vão distribuir senha, e meu pai vai pegar na segunda-feira pra mim. Acho que agora vai dar certo! Já anotei num papel, de novo, todas as perguntas que quero fazer. Vai ser daqui uma semana!

Pedi pra minha mãe comprar balas de gelatina pra eu dar de presente pra ela. Tenho certeza de que seremos grandes amigas.

19/05, terça-feira

Hoje a prova estava tão difícil que cheguei a imaginar que tinha entrado na sala de aula errada. Ou que eles entregaram as provas da turma da faculdade pra gente. Mas quem se importa? Eu vou conhecer a Julia Silva no sábado!!!

22/05, sexta-feira

Eba! Meu pai pegou a senha e comprou o livro da Julia Silva! No livro ela conta sua história de vida, é fascinante! Aproveitei pra gravar um vídeo falando sobre o que achei do livro (óbvio que é nota mil!). Espero que ela veja essa homenagem. Eu já disse que não vejo a hora de a gente se conhecer?

Não posso esquecer de levar o livro, as balinhas e, claro, minha lista de perguntas (que enfeitei com um monte de adesivos!).

1) Você tem dicas pra quem está começando?

2) Qual fórmula mágica você usou pra alcançar o sucesso?

Mila

24/05, domingo

Conheci a Juliaaaaaaaaaaaaa!!!!! Ela é muito linda e supersimpática! Fiquei quase 1 hora na fila, mas minha vez chegou! Até o Gui quis tirar foto com ela. O único problema é que fiquei tão nervosa que não consegui dizer nem "oi"! Eu tremia muito de nervoso. As fotos ficaram péssimas...

Meu nervosismo foi tanto que, em vez de dar o saquinho de balas pra ela, eu joguei em cima da mesa, e nem disse nada! Só joguei. Que micooooo! Tomara que ela tenha esquecido como é meu rosto.

Quando saímos de lá, fomos tomar sorvete, e adivinhe? Coloquei a mão no bolso e vi que o papel com as perguntas estava comigo! Como pude ser tão cabeçuda???

Minha mãe disse pra eu voltar lá e pedir pra alguém entregar o papel pra ela. Mas que sentido faz entregar um papel de perguntas e não estar lá pra ouvir as respostas? Foi aí que minha mãe pegou uma caneta e escreveu em cima das perguntas: "Julia, sou sua fã! Gostaria muito de perguntar essas coisas para você. Será que você poderia respondê-las em um vídeo? Eu ficaria muito feliz!".

Cara! Tenho uma mãe genial! Mas eu não queria voltar lá depois do mico que paguei. Então meu pai pediu pro Gui ir, disse pra ele se enfiar no meio das pessoas, dar um jeito de chegar perto da Julia e entregar o tal papel. O Gui não estava muito a fim de ir, mas meu pai disse que era uma missão de ninjas. Sabe como é, o Gui adora essas coisas de ninjas e super-heróis, então ele achou bem divertido e foi correndo cumprir a missão. Meu pai entende mesmo de meninos...

E não é que ele conseguiu? Voltou pra sorveteria todo feliz, e eu dei metade da minha bola de sorvete de chiclete pra ele.

#missaoninjacumprida

27/05, quarta-feira

A Malu nem acreditou quando eu mostrei a foto que tirei com a Julia. Ela ficou superfeliz por mim.

O Gui, boca aberta, contou pra todo mundo da sala e, no final da aula, fui rodeada pelas meninas da classe dele. A Talita quis até tirar foto comigo.

Mas o Fabinho, aquele menino da minha sala que tira sarro de todo mundo, passou bem na hora e claro que não deixou de fazer suas piadas sem graça.

Sabe, da última vez que ele fez isso eu fiquei com muita vergonha de estar rodeada de criancinhas, mas desta vez foi diferente! Na fila de autógrafos da Julia Silva, tinha crianças de todas as idades, e ela tratava todo mundo bem. É uma grande bobagem isso de não querer ser vista com as criancinhas só porque elas ainda são pequenas.

Então eu lembrei da Giorgina, aquela menina que não quis ser minha parceira. Ela não gosta de conversar com o pessoal da minha sala só porque está um ano na frente! Não posso ser assim, igual a ela... Quer saber, Fabinho? Vá procurar outra pessoa pra você encher de bobeira!

#prontofalei

29/05, sexta-feira

Ontem eu contei pra minha mãe o que tinha escrito aqui, sobre não ter vergonha de crianças menores. Ela ficou superfeliz comigo e disse que ter um canal está me fazendo bem, pois está me dando a oportunidade de pensar em mais coisas, coisas que vão além dos vídeos...

Eu não tinha parado pra pensar nisso, mas com quase cinco meses de canal até que eu já aprendi bastante coisa.

Aprendi errando e sofrendo as consequências, como quando eu filmei o material da Larissa sem pedir pra ela, por exemplo, mas também aprendi pensando melhor sobre algumas coisas... Lembra quando a Malu mentiu "pra fazer o bem"? Ela criou perfis falsos pra curtir meu canal. Naquele dia eu pensei sobre o que ela fez e cheguei à conclusão de que só dá pra fazer o bem usando as "armas do bem", e mentira definitivamente não é uma coisa boa...

#gravandoeaprendendo

30/05, sábado

Estou pensando em fazer um vídeo de 100 camadas. É um vídeo que está na moda! É só passar ou vestir cem camadas de alguma coisa. Por exemplo, cem camadas de camiseta (vestir 100 camisetas) ou cem camadas de batom (passar 100 camadas de batom na boca). É superdivertido.

Eu perguntei pra minha mãe se posso fazer um, com 100 camadas de hidratante, e ela deixou! Mas disse que é pra eu esperar ela voltar do mercado. Acontece que minha mãe, quando vai ao mercado, consegue demorar mais que machucado pra sarar.

Até ela voltar, eu já vou estar com preguiça! Já vi que o celular ficou aqui carregando... Quer saber? Se ela deixou, está deixado! Nada poderá dar errado. Até rimou!

#100camadas

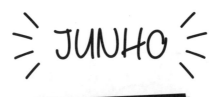

JUNHO

01/06, segunda-feira

Deu tudo errado. Nem pra escola eu fui hoje.

Meu rosto está ardendo. Estou vermelha igual a um tomate. Aliás, esse é o mais novo apelido que o Gui me deu. Tomatão.

Como eu iria adivinhar que existe um milhão de cremes? E que cada um serve pra uma coisa?

Tive o azar de pegar um tal de creme depilatório. Sabe o que é isso? É um creme que os adultos usam pra tirar os pelos. Eles passam esse creme e deixam o produto na pele por três minutos, depois disso eles lavam e pronto, os pelos caem.

Acontece que esse creme é extremamente forte. Ele amolece pelos! Até pros adultos é perigoso. Mas eu tenho culpa!? Estava escrito "creme depilatório hidratante". Eu não sabia o que era "depilatório". Passei no rosto e senti que estava ardendo, mas, na minha ansiedade de gravar, não liguei muito pra isso. Quando chegou na 11ª camada, ficou insuportável e eu decidi sair correndo procurando meu pai. Resultado? Hospital.

Quase tive uma queimadura séria. E como já escrevi aqui antes, toda vez que nos metemos em confusão e precisamos de apoio e carinho, nossos pais brigam com a gente. Castigo foi a única coisa que me restou. Agora só posso voltar a pensar em canal, segundo minha mãe, nas férias. Ou seja, daqui um mês!!!!!!

Num dia é elogio, no outro, castigo! Será que ela não vê que isso é trabalho? Quando ela faz algo errado, não deixa de ir trabalhar no outro dia. Imagine ficar uma semana fora, ou um mês. Isso é absurdo!

Se um dia eu for mãe, eu nunca vou enrascar minha filha mais do que ela já estiver enrascada.

#100camadasdecastigo

04/06, quinta-feira

Voltei pra aula, e estou cheia de lição. E, como se não bastasse, o Gui contou pra todo mundo sobre meu acidente. Quando cheguei na escola, um monte de gente veio falar comigo e olhar o meu rosto de perto. Algumas pessoas não sabem disfarçar.

Hoje teve uma palestra sobre bullying, e o tonto do Fabinho levantou a mão pra fazer uma pergunta.

E se uma pessoa vier pra aula com a cara vermelha igual a um tomate? Se eu achar engraçado, posso rir? Ha, ha, ha, ha!

Tem gente que nem com curso ou palestra deixa de ser bobo...

#ninguemmerece

08/06, segunda-feira

Ainda bem que minha mãe não me proibiu de assistir a vídeos na internet. A Julia Silva postou várias coisas legais, mas até agora não postou nada respondendo às minhas perguntas.

Tenho aproveitado o tempo longe das gravações (meu castigo) pra planejar algumas coisas, ver mais vídeos e me inspirar. O trabalho não pode parar!

#naovoudesistir

Nas férias poderei gravar uma porção de vídeos, já que terei mais tempo. Pensei em criar uma novelinha. A Julia tem uma novela que se chama "Laços de Sangue", é feita com várias bonecas dela. Vou usar as minhas bonecas que parecem bebês.
A Malu também tem duas, assim teremos mais personagens. O Gui pode ajudar fazendo algumas vozes, já que ele tem reclamado que não está participando... até que não é tão ruim ter um irmão.

09/06, terça-feira

Esse mês está bastante agitado, além das provas, tenho ensaios da festa junina. E adivinhe quem vai ser meu par na quadrilha! O Fabinho! Tem coisa pior?

Parece um pesadelo! Mas que ideia brilhante da professora Conceição. Desconfio que ela quer que o Fabinho se aproxime mais de mim, pra que ele veja que pessoas sem popularidade como eu podem ser legais... só acho!

#chateada

15/06, segunda-feira

Semana de provas. Ninguém detesta mais Geografia que eu, tenho certeza.

A Malu ama! O Gui também...

Outra matéria que detesto é Artes. E não é porque acho chato. Mas é que eu não consigo fazer quase nada bonito. Não sei combinar cores e detesto colagem.

#frustrada

Ainda bem que me encontrei na internet! Sinto que tenho muita habilidade em gravar vídeos. Exceto vídeos em que tenho que criar coisas com papel, etc... A Julia Silva tem vários vídeos legais desse tipo, ensinando as crianças a fazerem móveis pra casa de bonecas. Eu até tentei, mas só passei raiva mesmo.

Sabe, eu só preciso parar de me meter em confusão. O problema é que só sei que me meti em confusão quando já estou dentro dela... Viver não é fácil!

Ah! E até agora, nada de a Julia publicar um vídeo respondendo às minhas perguntas...

18/06, quinta-feira

Estou morrendo de sono, quase não dormi essa noite. Pior que hoje foi dia de prova, ainda bem que era de Matemática, minha matéria preferida.

Se fosse de Geografia, eu estaria frita! Preciso dormir bem antes de fazer uma prova dessas.

Eu acho que o meu irmão está ficando maluco. Ele acordou todo mundo no meio da madrugada pra dizer que tinha um gnomo correndo no quintal. Eu acho que ele deve ter sonhado e acordou no meio do sonho achando que era real.

Qual é o problema desse garoto?

24/06, quarta-feira

Ufaaaaaaaaaaaaaaa! Acabaram as provas! Tenho só mais dois dias de ~~tortura~~ ensaio de dança. A festa junina já é este sábado e depois estou livre! Minha mãe disse que posso voltar a gravar nas férias, então semana que vem estou de volta no meu canal.

Amanhã vamos sair pra comprar nossas roupas de caipira. Eu adoro vestidos de festa junina, pena que minha mãe sempre estraga meu visual me obrigando a usar blusa de moletom por baixo do vestido. Tem coisa pior que isso? Diz ela que é pra eu não pegar friagem, já que faz frio aqui nessa época do ano. E pra completar ela ainda "capricha" feio na minha maquiagem! Até meu dente ela pinta! Eu já disse que não quero maquiagens ridículas. Esse ano não aceito ir com a cara cheia de pintas falsas e bochecha vermelha.

Não sei de onde ela tirou essa ideia besta de que caipiras são banguelas, pintados e que não sabem se maquiar.

#maisestiloporfavor

25/06, quinta-feira

Acabamos de voltar da loja de fantasias, e você não sabe da pior!

Hoje de manhã, na hora do ensaio, recebi a notícia de que eu e o Fabinho iremos substituir a Diana e o Guga na dança. A Diana ficou doente e não poderá ir à festa, a professora vai dançar com o Guga, e a Malu, que estava fazendo par com uma professora emprestada de outra turma, foi promovida a padre no lugar da nossa professora. Não sei se você sabe, mas na quadrilha de festa junina tem casamento, com padre e tudo... A Diana era noiva com o Guga. Acho que já deu pra entender, né?

Serei a noiva da quadrilha. E o noivo? O Fabinho! Eu mereço, né? O que será que fiz de tão errado pro mundo?

Pelo menos meu vestido é bonito. Mais bonito que o vestido de casamento de verdade da minha mãe.

Ah! Hoje o Gui acordou de madrugada de novo falando que tinha um gnomo na janela dele. Eu acho que vamos ter que internar esse garoto.

#sinistro

29/06, segunda-feira

Dancei a quadrilha. A música tinha 4 minutos e 20 segundos, foi a música mais longa da minha vida. E depois da música ainda teve a encenação do casamento... horrível! Eu estava morrendo de vergonha! Mas ainda bem que tenho uma amiga exótica pra desviar os olhares de mim. Acredita que a Malu foi de mestre Yoda pra festa? O mestre Yoda é um personagem que ela ama do filme Star Wars.

Que a Força esteja com vocês!

Ela roubou toda atenção pra ela! Eu juro, estou cercada de gente doida. Minha mãe gravou nossa dancinha ridícula e sugeriu de colocar no meu canal. Coitada, ela não entende nada do que significa um canal na internet! Definitivamente não é feito pra gente passar vergonha.

Bom, eu disse que meu último compromisso com a escola, este semestre, era a festa junina, né? Seria! Se eu não tivesse que ficar de reforço. Ou seja, uma semana da minha vida perdida em aulas de reforço! A professora disse que era essencial eu participar dessas aulas, já que tive notas bem baixas em... adivinhe! Geografia! Eu tenho escolha? Não.

#semanaperdida

JULHO

04/07, sábado

Enfim de volta ao canal! As aulas de reforço acabaram ontem. O pior de fazer reforço é ver todo mundo curtindo as férias enquanto vamos estudar numa escola quase vazia. Na minha sala só tinha três pessoas e um panaca, o Fabinho.

Hoje passei a manhã inteira escrevendo minha novelinha. Assisti mais uma vez à novela "Laços de Sangue" da Julia Silva, é muito engraçada! Ah, até agora ela não respondeu minhas perguntas do papel. Acho que não vai responder mais. Já passou muito tempo.

Bom, voltando à novelinha. Pensei bastante sobre ela e criei o título, vai se chamar:

A novelinha vai ter ao todo 4 capítulos e a história envolve um grande mistério:

Quem rasgou a fralda?

Eu tinha até pensado em "quem borrou a fraldinha?", mas achei que fosse ficar nojento e mudei pra "rasgou"...

> Craco, Muleca ou Pimentinha? Será mesmo que Penélope e Serafina, as testemunhas, não viram nada? Será que estão sendo ameaçadas?
>
> Não perca: "Laços de Fraldas"! A novela que vai fazer você se borrar de curiosidade!

(Não resisti, tive que usar o "borrar" aqui.)

#vaisersucesso

05/07, domingo

Criar uma novela dá um baita trabalho! Ficamos quase 3 horas pra gravar 5 minutos de novela. A Malu veio em casa e o Gui topou nos ajudar fazendo algumas vozes.

No episódio de hoje filmamos uma das bonecas com uma capa cobrindo o rosto. No vídeo, ela vai até a janela e pendura uma fralda rasgada. As bebês Penélope e Serafina são as únicas que sabem quem foi. Na manhã seguinte, Craco, Muleca, Pimentinha, Penélope e Serafina acordam pra tomar café e dão de cara com a fralda pendurada. Nenhuma delas assume quem foi! A Serafina acaba contando que viu alguém pendurando a fralda na janela, por volta da meia-noite. Misteriosamente Serafina some depois do café da manhã.

> Onde estará Serafina?
> Quem rasgou a fralda e pendurou na Janela?
> Muito mistério em: "Laços de Fraldas"!

O Gui tem dado umas ideias pro final da novela. Já disse que ele não tem muita criatividade? Olhe só as ideias estranhas desse menino:

- Uma guerra nuclear onde todos os bebês viram zumbis — Ridículo
- A fralda vira um monstro e devora todos os bebês — ???
- A culpa é do gnomo — Desista!

Óbvio que eu já tenho o desfecho dessa trama. E só vou desvendá-la no último capítulo. Por enquanto farei mistério, até pra você, diário!

E falando em mistério, o Gui ainda tem cismado com o gnomo. Ele diz que o sujeitinho aparece na janela do quarto dele toda noite. Já estou começando a ficar com medo. Ontem eu consegui ver alguma coisa correndo no quintal...

#medo

08/07, quarta-feira

Adivinhe quem está dormindo no meu quarto? O Gui! O gnomo tem aparecido todas as noites, e agora ele está morrendo de medo. Não é isso que ele queria? Ele coloca até salgadinho na janela pro gnomo aparecer. Segundo ele, gnomos comem salgadinho de queijo. Eu falei que esse menino é doido! Agora eu que tenho que pagar por isso. Não se tem mais privacidade nessa casa!

Sugeri de acabarmos com esse mistério de uma vez por todas! Pensei em algo que faz muito sentido: se é mesmo um gnomo que vem visitar o Gui, isso pode ser um superfuro de reportagem! Já pensou se consigo filmar o tal do ser mitológico? Meu canal vai bombar!

Minha sugestão é passarmos uma noite acampados no quintal, próximo à janela do Gui, com câmera, pipoca e lanterna. A Malu já topou, e minha mãe disse que, se nos agasalharmos bem, ela deixa. O Gui ainda está decidindo, ele vai ver se algum amigo dele topa. O Gui é muito medroso! Falei pra ele não borrar a fraldinha, ele está sem falar comigo há 14 horas.

#furodereportagem

10/07, sexta-feira

Tudo pronto pro acampamento! A mãe da Malu deixou ela dormir aqui. Vamos acampar esta noite e gravar o segundo episódio de "Laços de Fralda" no domingo.

O primeiro episódio tem sido um sucesso. A Talita já recomendou pra um monte de amigas. Já tivemos 78 visualizações. Acho que umas 40 são só da Talita, e talvez umas 20 da Malu e do Gui, mas tudo bem! O importante é que hoje vamos conseguir nosso maior furo de reportagem.

O Gui convenceu um amigo a acampar com a gente. O nome dele é Luca. Ele é pequeno pra sua idade, mas é o mais corajoso da turma. Ele disse que vai trazer um kit de detetive, com walkie-talkie pra gente se comunicar, lanterna e binóculo (o dele dá até pra ver no escuro!).

Itens para o acampamento:
- Salgadinho pro gnomo
- Pipoca pros caçadores de gnomos
- Lanterna
- Barraca
- Celular carregado pra filmar
- Binóculo
- Walkie-talkie

11/07, sábado

MISTÉRIO REVELADO!

Estava tudo pronto pro acampamento, até o Gui começar a inventar umas desculpas pra ficar dentro de casa.

É que eu tenho que dar comida pro peixe...

A gente quase amarrou o Gui na barraca pra ele ficar com a gente, mas lembrei de um segredo dele e ameacei contar pra todo mundo.

O Gui acabou topando ficar de livre e espontânea pressão. Já eram quase duas horas da manhã e nada de gnomo.

Chupeta!

Daí todo mundo começou a ficar com medo por causa de uma coruja que ficava cantando bem em cima da gente.

A Malu começou a contar umas histórias estranhas sobre pessoas que se transformam em corujas e a gente ficou com mais medo ainda!

Estávamos tão entretidos com o conto da Malu que nem percebemos que algo passou perto da barraca e foi direto pra janela do Gui. O Luca que viu quando a coisa pulou pro chão. Era nossa única chance! O Gui correu chorando de medo pra dentro de casa enquanto eu, a Malu e o Luca corremos atrás da coisa. Aquela coisa era tão rápida que eu não conseguia filmar nada!

Corremos a rua toda, acordamos a vizinhança inteira...

PEGA O GNOMO, PEGA O GNOMO!

A coisa entrou num beco sem saída. Conseguimos encurralá-la e tivemos uma baita surpresa.

Chegamos em casa com o "gnomo do Gui" nos braços. Meus pais estavam preocupados com a gente, porque saímos correndo pra rua, mas mesmo assim eles não aguentaram segurar a risada com o fim do mistério.

O gatinho abandonado estava se alimentando das armadilhas de salgadinhos que o Gui fazia.

Foi engraçado demais saber que todo esse tempo o Gui estava com medo de um gatinho indefeso.

Não consegui meu furo de reportagem, mas estou feliz. Meus pais deixaram a gente ficar com o gato. Agora o nome dele é Gnomo.

12/07, domingo

O segundo episódio de "Laços de Fralda" está no ar! No episódio de hoje, Serafina continua desaparecida e Penélope vai procurá-la. Enquanto isso, uma discussão feia acontece entre Muleca, Craco e Pimentinha.

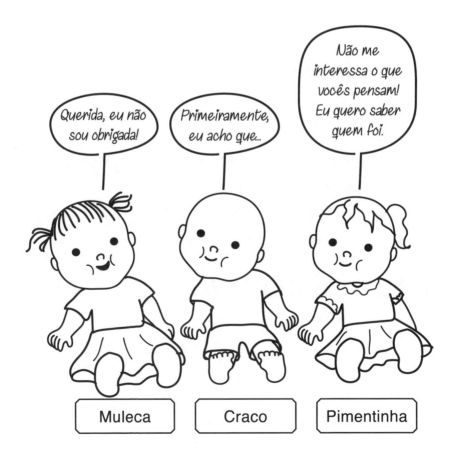

A confusão estava armada, até que Penélope liga pra elas e diz:

— Venham correndo pra Alameda das Palmas, esquina com a Rosas. É urgente! Encontrei a Serafina.

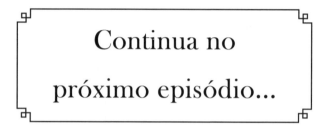

Já coloquei no ar! Faz só 20 minutos e já ganhei mais um inscrito!

Acho que essa novela vai fazer tanto sucesso que alguém da TV vai querer comprar.

#euvouficarrica

14/07, terça-feira

Passei o dia todo brincando com o gatinho do Gui. Ele é um amor. O Gui está bravo comigo, só porque o Gnomo não quer dormir com ele. Ele gosta mesmo é do meu quarto. Deve ser porque eu não fico o dia todo apertando ele.

O Gui é bem pegajoso, não para de beijar o gato! Espera só ele saber que o gatinho lindo dele vive caçando ratos por aí… Vou esperar ele beijar mais pra contar.

#amogatos

Ontem o dia estava bem friozinho e aproveitei pra ler o livro da Julia Silva. Estou adorando saber mais sobre ela. Ela já se mudou uma porção de vezes de casa e escola. Já morou até na França!

No livro ela também falou sobre as pessoas sem noção que ficam falando besteira dela. Adorei quando ela disse que todo mundo é perfeitamente imperfeito!

18/07, sábado

Devorei o livro da Julia Silva, acredita que terminei de ler? Minha mãe até me deu outro livro de presente. Eu adoro ler! Adoro ler e filmar! Hoje vai ao ar o penúltimo capítulo de "Laços de Fraldas". A Malu não vai poder participar, ela vai sair com a mãe dela, e o Gui também não está a fim de fazer, ele está ensinando o gato dele a caçar gnomos. É, ele esqueceu o medo que teve e voltou com essa mania.

Pedi pro meu pai e pra minha mãe substituírem minha equipe original e eles toparam. Vamos filmar daqui a pouco.

No capítulo de hoje, Muleca, Craco e Pimentinha vão se encontrar com Penélope e veem Serafina desmaiada na rua. Quando ela acorda e se recupera, conta que estava indo até os correios postar uma carta reveladora pro jornal mais importante da Vila dos Bebês, mas ela só lembra de ter tomado um golpe na cabeça e acordado sem a carta. A carta foi roubada!

O pior de tudo é que Serafina perdeu a memória e não se lembra do que aconteceu na noite anterior e nem do que escreveu na carta. Só lembra que era algo revelador!

> Será que Penélope ficará com medo de contar o que viu naquela noite?
>
> Não perca o último episódio de "Laços de Fraldas", e o fim do grande mistério!

22/07, quarta-feira

Minhas aulas começam novamente na semana que vem. A Malu foi passar o restante dessas férias com o pai dela que mora em outra cidade. Os pais dela são separados, e a Malu tem uma meia-irmãzinha de 2 anos por parte do pai. Ela tirou umas fotos e me enviou. Disse que está influenciando a irmã a assistir aos filmes e às séries que ela curte. Tomara que consiga. Eu também tentei influenciar o Gui a gostar das coisas que eu gosto, mas deu tudo errado.

A única coisa que a gente tem em comum é que concordamos que sorvetes são o melhor alimento do mundo. Ah! E agora também concordamos que gatos são as coisinhas mais fofas e legais do universo. Estamos adorando ter um gatinho.

O Gnomo, nosso gato, é muito engraçado! Esses dias, saímos pra comprar brinquedos pra ele, compramos varinhas com fitas nas pontas, ratinhos e bolinhas. Ele nem ligou! É um gato econômico. Seu brinquedo predileto são os elásticos de cabelo da minha mãe. Cada elástico custa menos de cinquenta centavos. Compramos um monte pra ele! Ele merece. É o melhor gato do mundo!

Ele vai ter uma participação especial na "Laços de Fraldas", que aliás está chegando ao fim! Vou revelar o grande mistério da novela neste domingo. Já terminei de escrever o roteiro.

#suspense

26/07, domingo

A Malu chegou de viagem e veio direto pra minha casa. Filmamos o grande final de "Laços de Fraldas". Postamos há uma hora e já recebemos três comentários. Um é da Talita e os outros dois são de amigas dela. Foi bem divertido fazer a novela.

O final surpreendente nem minha mãe conseguiu imaginar! Ninguém acertou o desfecho da trama, sinal que consegui superar as expectativas de todo mundo.

#partiuhollywood

Ah! E além do mais aconteceu uma coisa superlegal! A Malu encontrou na internet o número do celular da Julia Silva! Eu já adicionei e enviei um áudio pra ela, mas até agora ela não ouviu. Perguntei se era ela mesma e pedi pra que enviasse uma foto, pra ter certeza, né? Já pensou se for o número dela mesmo? Poderemos ser amigas!

#euMalueJulia

27/07, segunda-feira

A Julia Silva respondeu meu áudio!

▶ ●————— 0:32

Oi sou eu mesma, a oficial.
Segue foto.

Meu deus é você mesmaaaa!
Eu te amoooo! Recebeu meu
bilhete?????

#emocionada

28/07, terça-feira

A Julia Silva não respondeu o "eu te amooooo" e nem disse se recebeu o bilhete, acho que peguei pesado. Devo ter assustado ela. Ela pode achar que sou uma fã maluca. Preciso me controlar. Acho que exagerei ao enviar muitos coraçõezinhos e carinhas com olhinhos de corações (foram 42)...

Hoje cedo só mandei um "bom dia", e adivinhe! Ela respondeu! Perguntou quantos anos eu tenho e me pediu algumas fotos, estou esperando minha mãe voltar do trabalho pra tirar umas fotos com o celular dela.

Estou me segurando pra não chamar a Julia toda hora pra conversar! Mas assim que eu mandar as fotos eu vou perguntar do bilhete! Já seremos amigas, né? Dois dias conversando! Já é amizade!

#muitofeliz

29/07, quarta-feira

#fakeSilva

Amizade de fake dura pouco! Ainda bem...

Quando minha mãe chegou do trabalho e contei pra ela que estava falando com a Julia Silva por mensagens, ela não ficou feliz. Achei que ela ia pirar! Mas não pirou. Aliás, pirou, mas de preocupação. Perguntou onde eu tinha conseguido o número e me pediu pra ver as mensagens. Ela me deu a maior bronca, disse que todas as fotos que a tal "Julia" mandou eram da internet e que qualquer um poderia ter enviado! Que existem pessoas más que podem se passar por crianças pra enganar a gente e fazer coisas ruins. Na hora eu achei que ela estava exagerando, e fiquei com raiva! Poxa vida, e se fosse verdade? Eu estaria perdendo uma grande oportunidade de ser amiga da Julia Silva. Não se joga uma amizade no lixo!

Foi então que a minha mãe pegou o celular e, se passando por mim, escreveu pedindo um áudio. A tal "Julia" demorou um pouco, mas enviou um áudio, então minha mãe percebeu que aquele áudio era gravado de um dos vídeos da Julia que está na internet, ou seja, qualquer um pode fazer isso. Então minha mãe fez de conta que acreditou e pediu que ela enviasse uma selfie, mas que fosse tirada naquela hora! A tal "Julia" enviou, mas eu já conhecia aquela foto do Instagram dela! Era uma foto antiga.

Aos poucos fui percebendo que era alguém se passando pela Julia Silva, e fiquei com muito medo! Poderia ser qualquer pessoa! Uma pessoa má! Afinal, só uma pessoa má mentiria assim. Bloqueamos o número e minha mãe me fez prometer que eu jamais faria isso de novo.

Vacilei feio! Ainda bem que minha mãe não contou pro Gui, ele ia infernizar a minha vida com isso. Sem contar que iria espalhar a história pra escola inteira.

O meu pai sempre diz "salvo pelo gongo" quando se livra de alguma coisa ruim... Acho que vou começar a chamar minha mãe de Gongo.

#soacho

AGOSTO

04/08, terça-feira

As aulas voltaram, e com ela as lições e os trabalhos escolares. Minha mãe me deixou continuar com o canal mesmo durante as aulas, mas disse que vai pegar no meu pé pra eu estudar mais, caso contrário, ficarei de recuperação e acabarei perdendo mais dias das minhas férias. Tá bom, né? Como venho sempre dizendo, tenho escolha? Não.

Quando é que vou poder ter escolhas? Até o gato escolhe os próprios brinquedos! Acredita que faz pouco mais de um ano que posso escolher minhas roupas?

#liberdadeporfavor

07/08, sexta-feira

Ufa! Chegou o final de semana! Acho que hoje vou gravar o meu kit de massinhas de hambúrguer. Meu canal tem poucos vídeos sobre brinquedos, e o canal da Julia Silva tem um monte de vídeos assim.

Eu não gosto muito desse kit, na verdade eu queria outro, de princesas, mas acabei ganhando esse porque estava mais barato. O que tem a ver princesas com hambúrguer? Pergunta pro meu pai, ele deve saber!

O Gui não quer gravar hoje, ele está resfriado e prefere ficar deitado vendo TV com o gato.

Vou confessar uma coisa, de todos os vídeos que fiz até hoje, os que eu mais gostei foram a novelinha e o desafio com o meu pai, lembra? Aquele que ele me deixou maquiá-lo. Acontece que os vídeos mais vistos da Julia são sobre brinquedos. Tenho que gravar mais desse estilo então! Já falei com a Talita hoje na escola e ela vai me emprestar alguns brinquedos pra eu fazer os vídeos. Eu não tenho muitos brinquedos. Eu só ganho brinquedos em datas especiais... Deveria ter mais datas especiais no ano. Quando eu crescer, vou inventar algumas...

16/08, domingo

Passei o final de semana inteiro gravando! E mais uma vez o Gui e a Malu furaram comigo.

O Gui ainda está com aquela história de procurar gnomos, e parece que as coisas pioraram, ele andou lendo em alguns livros que gnomos são amigos das fadas. Então ele começou a procurar fadas e espalhou balas de goma pela casa inteira, porque ele disse que é isso que as fadas comem. Mas até agora eu só vi um bando de formigas!

Meus pais deixam ele fazer tudo o que ele quer! Já falei pra ele que no meu quarto está proibido levar balas de goma e salgadinhos de queijo. Mas esses dias encontrei vários debaixo da minha cama.

Foi ele!

Estou supercansada. Já gravei três vídeos de brinquedos que a Talita me emprestou. Um avião com boneca superlegal, uma sorveteria toda colorida e, pra finalizar, alguns super-heróis. Estou exausta. Vou publicar todos os vídeos essa semana! Na sexta-feira a Duda e a Pam vão levar mais brinquedos pra mim.

19/08, quarta-feira

Hoje tomei um susto quando vi um vídeo curto da Julia Silva em que ela disse que vai filmar e colocar no ar um vídeo sobre "presentes e cartinhas recebidas nas sessões de autógrafos".

Nossa! Será que ela vai falar da minha carta? Meu coração até deu um pulo de alegria!

Tomara que ela responda. Vou torcer! Seria eletrizante, como ela diz!

#superfeliz

22/08, sábado

As meninas me emprestaram mais quatro brinquedos muito legais pra fazer vídeos.

Pretendo passar o final de semana inteiro filmando pra postar logo, porque até agora não tive um número significativo de visualizações nesses vídeos. A novelinha foi até agora o que mais deu resultado! Isso é bom porque é o que eu mais adorei fazer...

Estou bolando uma nova história com as minhas bonecas. Vai ser mais um mistério. Vai se chamar: "O Senhor do Vulcão". Será quase uma história de terror. Eu só preciso de um boneco pra ser o vilão! Como meu aniversário é mês que vem, já pedi pros meus pais um bem assustador. Será o vilão perfeito da minha história.

Minha tia Cida ligou aqui em casa pra perguntar pro Gui o que ele acha que eu quero ganhar de aniversário. Oras! Uma câmera ou um celular bacana, é lógico! O Gui disse que falou exatamente isso. Tomara que eu ganhe! Minha tia costuma dar o presente que eu quero, eles são bem ricos, sabe? A minha prima ~~malinha~~ Marcelinha tem tudo que ela quer.

Minha tia gosta de nos presentear, ela sempre liga pro Gui pra perguntar o que eu quero no meu aniversário, e sempre liga pra mim quando o aniversário do Gui está chegando. A gente já sabe disso e combina antes!

Ainda bem que minha tia liga pra gente, pois, das vezes que ligou pra minha mãe, a gente não ganhou nadinha do que queríamos.

26/08, quarta-feira

Fiquei tão cansada de gravar no domingo que nem forças pra escrever aqui eu tinha.

Assisti a vários vídeos da Julia Silva pra ver como é que ela mostra os brinquedos. Chamei a Malu pra me ajudar, mas ela não quis. Disse que estava achando chato e foi brincar com o gato. Eu não gostei nem um pouco disso e disse que, se ela queria brincar com o gato, que ficasse com ele então. Ela que ligue pra ele, mande mensagem e o convide pra ir pra escola! Já estou há quatro dias sem falar com ela.

Será que ela não consegue ver o esforço que estou fazendo pra meu sonho se tornar realidade? Faltam quatro meses pro próximo Ano-novo e até agora eu só tenho praticamente as amigas do Gui de fãs do canal!

Ah! Até agora nada do vídeo da Julia com os presentes das sessões de autógrafos.

#tocansadaaaa

27/08, quinta-feira

Eu voltei a falar com a Malu. Já estava ficando ridícula nossa situação. Ela sozinha num canto e eu no outro, nós duas morrendo de vontade de nos falarmos. Quem quebrou o gelo fui eu. Chamei ela pra lanchar comigo no recreio e voltamos nossa amizade como se nada tivesse acontecido.

Eu sei que exagerei quando senti que ela era obrigada a fazer os vídeos comigo, mas o fato é que estou me sentindo muito pressionada. Pressionada por mim mesma, eu sei, mas já foram oito meses de trabalho e quase nenhum resultado, poucos inscritos, poucas curtidas...

#muitacalmanessahora

04/09, sexta-feira

Os vídeos que eu fiz mostrando os brinquedos não estão dando em nada! Muito trabalho pra pouca coisa.

A própria Talita, que vê mais de 30 vezes cada vídeo, não assistiu quase nada dos de brinquedos.

Já estou me cansando e ficando muito, MUITO chateada com isso!

Minha esperança agora é a Julia Silva me dar a fórmula mágica dela, meus pais me darem um boneco assustador e minha tia me dar uma câmera. Já pensou?

#aniversariodossonhos

06/09, domingo

Esse fim de semana não deu pra gravar, minha mãe teve que trabalhar no sábado e levou o celular com ela.

Hoje saímos pra comprar as coisas pra festinha do meu aniversário, que já é no próximo sábado.

O tema, lógico, vai ser youtuber! Vamos usar muito preto, branco e vermelho na decoração.

Meu pai está construindo um painel gigante pra gente fotografar como se estivesse num vídeo.

09/09, quarta-feira

Caraca, nada de a Julia Silva publicar o tal vídeo com os presentes! Isso está me dando nos nervos.

#aff

12/09, sábado

#superanimada

Hoje é o meu aniversário! Minha tia já chegou. A caixa do presente que ela trouxe é pequena, acho que finalmente terei meu próprio celular com câmera! A minha prima ~~malinha~~ Marcelinha já disse que vou ganhar o que o Gui pediu pra mim (ela sabe que a gente combina)!

Minha avó não conseguiu vir, mas mandou meu presente: uma porção daquelas coisas chamadas "fitas VHS" pra usar na tal "filmadora" que ela deu... Eu preciso pesquisar sobre o assunto, porque não sei nem falar sobre isso! E ela me pergunta umas coisas estranhas, tipo, se "rebobinei a fita"! Eu só fico concordando e dizendo que sim.

13/09, domingo

#superchateada

Eu queria que o Gui sumisse da minha vida.
Sabe o que ele disse que eu queria ganhar de presente pra minha tia? Um boneco gnomo horroroso!!!
Dessa vez o Gui foi longe demais! Ele podia ter esperado o aniversário dele, que é daqui 2 meses! Mas não, ele quis mesmo estragar o meu. E conseguiu! Vou continuar dependente do celular da minha mãe até quando? Sem uma câmera de boa qualidade só minha, não consigo gravar na rua, na escola... Que péssimo...
   Isso foi uma tremenda traição! No ano passado combinamos e deu tudo certo! Qual o problema do Gui? Ele disse que estou muito chata e que deveria brincar mais com ele, por isso escolheu esse presente pra mim. Eu disse que brincaria só se fosse tacando o boneco na cabeça dele!
   Apesar de tudo, pelo menos ganhei o boneco assustador que eu queria dos meus pais.

A Talita também veio pra festa e me deu uma luminária. Ela disse que meus vídeos precisam de mais luz. A Duda, amiga dela, e minha amiga também, me deu uma coleção de fitas de cabelo iguais às da Julia Silva!
A Malu... bom, a Malu é um caso à parte, eu nunca conto com os presentes dela. Sempre são estranhos!
Ela me deu uma toalha com a frase "Não entre em pânico" bordada. Ela disse que a toalha é um dos objetos mais úteis pra um mochileiro interestelar. Oi?
Ah, e ela veio fantasiada pra festa!

#exotica

16/09, quarta-feira

    Contei pra minha mãe que desde o ano passado eu e o Gui combinamos de contar pra Tia Cida o que a gente queria ganhar, e que eu tinha dito pro Gui pedir uma câmera pra mim. Minha mãe não ficou surpresa com isso, acho que ela já desconfiava de tudo, porque a minha tia nunca mais ligou pra ela perguntando sobre os presentes...

    Sábado minha mãe vai ter que trabalhar, mas disse que vai deixar o celular em casa e que eu posso usar. Eu disse que quero gravar o primeiro episódio da minha nova novela. Ela disse que vai obrigar o Gui a me ajudar e que precisa ter uma conversinha séria com ele.

#vidaquesegue

18/09, sexta-feira

VOCÊ NÃO VAI ACREDITAAAAAAAAAAR!!!!!

A Julia Silva postou o vídeo de presentes recebidos e adivinhe! A última coisa que ela tirou do cesto de presentes foi a minha carta!!!

#tocaaqui

Sabe o que ela disse?

> Essa cartinha superfofa e simpática eu recebi da Mila. E veio com algumas perguntas que muita gente me faz, por isso eu vou gravar um vídeo só pra respondê-la, ok? Então aguardem que logo, logo responderei às suas perguntinhas.

Pensa numa pessoa feliz! EU!

Um vídeo só pra responder às minhas perguntas!!! A sorte voltou pra minha vida!

As coisas podem dar certo, mesmo quando parece que está dando tudo errado.

#esperança

19/09, sábado

Hoje vou começar a filmar minha nova novelinha, "O Senhor do Vulcão", com meu boneco assustador. Minha mãe saiu pra trabalhar bem cedo, me emprestou o celular e deixou o Gui avisado de que ele terá que me ajudar. Ele está de castigo e me deve dois meses de favores.

#naexpectativa

Enfim, está tudo preparado pro início de mais uma novelinha! Esta terá seis capítulos, e talvez um extra de entrevista com os "atores".

Acredito muito que vai bombar. Os vídeos mostrando brinquedos não fizeram sucesso nem com as minhas amigas. A Pam até comentou comigo que achou os vídeos um pouco chatos, ela disse que parecia que eu não estava muito a fim de fazer... O pior é que não estava mesmo!

Mas os vídeos de brinquedos são os que tem mais visualizações nos canais que eu acompanho... Se bem que no meu, a novelinha é o que fez mais sucesso! Sorte a minha que é o que eu mais gosto de fazer. Mas uma coisa é sucesso com as amigas e outra é com o público. Mas depois eu penso melhor nisso, preciso ir!

Partiu começar a gravação. Estou bem confiante no sucesso dessa história.

#luzcameraaçao

20/09, domingo

Eu não acredito que absolutamente TUDO que poderia dar errado DEU ERRADO!

#ofim

OUTUBRO

02/10, sexta-feira

Estou tentando me recuperar de tudo que aconteceu. Acabou. Meus pais não estão bravos comigo. Eles estão sentindo algo muito pior que raiva. Eu vou contar o que aconteceu...

Já estava tudo pronto pra gravação, minha mãe foi trabalhar, mas deixou o celular comigo, meu pai teve que ir ao mercado e pediu pra dona Lucinda, nossa vizinha, ficar com a gente.

A dona Lucinda é uma senhorinha bem legal, ela até estava me ajudando a montar um dos cenários do vídeo, mas aí o telefone da casa dela tocou e ela foi atender. A dona Lucinda é daquelas pessoas que passam horas no telefone. Eu não ia esperar ela voltar! Então terminei de arrumar as coisas e chamei o Gui pra me ajudar a filmar a primeira cena.

Você lembra que o título da novela era "O Senhor do Vulcão"? Então, a primeira cena tinha que começar com um vulcão!

Aí eu tive uma ideia! Peguei uma panela, enchi de água, misturei gelatina de morango (pra água ficar vermelha) e coloquei no fogão pra ferver. Assim as borbulhas filmadas de cima pareceriam um vulcão de verdade.

Quando a água começou a borbulhar, eu pedi pro Gui segurar o celular filmando bem em cima da panela, pra que eu ficasse livre pra segurar o meu boneco assustador (o Senhor do Vulcão) olhando pra câmera. Eu nunca imaginei o que poderia acontecer depois!

O Gnomo apareceu do nada e pulou na perna do Gui. Ele tem essa mania de escalar a perna da gente.

O Gui foi fazer um movimento pra espantar o Gnomo e, destrambelhado que só, derrubou o celular dentro da panela!!!

Na hora, como num reflexo, eu tentei enfiar a mão na panela, mas a água estava fervendo e queimou meus dedos, foi então que tentei pegar a panela pra jogar na pia, mas a panela também estava pelando!

Então eu peguei um pano de prato pra conseguir pegar a panela sem queimar minha mão. Mas naquela correria toda o pano de prato começou a pegar fogo, e o fogo ficou tão alto que pegou na cortina.

O Gui saiu correndo pra rua gritando que estava tendo um incêndio na nossa casa. Os vizinhos ouviram ele gritando e chamaram os bombeiros. Os bombeiros são bem eficientes! Chegaram em casa em menos de cinco minutos e apagaram o fogo. Sorte que só queimou a cortina e o pano de prato.

#causei

Quando meu pai voltou do mercado e viu a casa cheia de bombeiros, ficou furioso com a gente e com a dona Lucinda. Ela só foi ver o que tinha acontecido quando meu pai a chamou. Acredite ou não, ela ainda estava no telefone!

Minha mãe até saiu mais cedo do trabalho. Dessa vez ela não ficou brava, ela ficou muito triste. E não foi só por causa do celular dela que derreteu, foi porque ela ficou decepcionada comigo.

E aqui estou eu agora. Isso tudo já faz quase duas semanas...

Sabe o que foi mais irônico?

Um dia depois da confusão toda aqui em casa, a Julia colocou no ar o vídeo respondendo a minha cartinha.

Estou tão triste que nem me empolguei e parei de assistir logo na primeira resposta dela. Sabe qual era?

A Mila me perguntou se eu tenho algumas dicas pra quem está começando. Olha só, a dica é: fale com seus pais. Converse com eles a respeito da sua ideia. Nunca faça nada sem antes consultar seus pais ou um adulto que cuida de você. Você não pode simplesmente dizer: "Ah, eu vou ali gravar, tá?". Conte todos os seus planos pra eles, pois é importante pra que você não se meta em nenhuma confusão! Os adultos sabem das coisas que podem ser perigosas ou não muito legais pra gente.

Muito obrigada pela dica tardia.
Parei o vídeo aí.
Enfim, eu só vim aqui dizer que não quero mais ser youtuber. Não sei fazer nada direito. ACABOU!

#ACABOU

31/10, sábado

Já estamos quase no final do mês. Tenho feito outras coisas, como estudar, ler e brincar. Não tenho assistido a nenhum vídeo que me lembre meu antigo sonho, aquele que me fez decepcionar todas as pessoas ao meu redor, sabe?

Por falar nisso, minha tia me ligou pra perguntar o que o Gui quer de aniversário. O aniversário dele é daqui duas semanas, e ele quer um binóculo igual ao do Luca, que dá pra ver no escuro, e foi o que eu disse pra ela. Tomara que ele ganhe e encontre os gnomos, pelo menos um de nós tem que ser feliz.

Estou ajudando minha mãe a organizar o aniversário do Gui, ele pediu o tema "mistérios" pra festa. Estamos imprimindo e recortando várias imagens de coisas misteriosas e também vamos colocar algumas perguntas espalhadas pela casa, como por exemplo: "Quem construiu as pirâmides?", "Onde está a cidade perdida de Atlântida?" e claro, não poderia faltar: "Você já viu um gnomo?".

NOVEMBRO

08/11, domingo

O aniversário do Gui foi divertido. A Malu veio fantasiada, é claro (ela adora fantasias). Dessa vez, veio de coruja, disse que era a Coruja Cósmica, seja lá o que for isso.

A Talita e a Pam também estavam na festa. Elas perguntaram por que não faço mais vídeos. Não sei se, pela primeira vez na vida, o Gui não saiu espalhando pela sala dele o que acontece comigo ou se elas disfarçam bem. Só falei que não quero mais gravar, que desisti, cansei.

#prontofalei

Na hora de abrir os presentes, o Gui me estendeu um pacote. Disse que aquele era pra mim. Que era um pedido de desculpas pelo que ele fez.

Era uma câmera. Uma câmera novinha. Ele ligou pra nossa tia e contou tudo, ela entendeu, achou bonita a atitude dele e comprou uma câmera pra mim.

Eu até gostei do presente, mas deixei com o Gui pra ele fotografar mato e depois ver se apareceu algo na foto. Ele não queria pegar e me fez prometer que era só emprestado. Mas não é. É dele. Não quero mais filmar.

26/11, quinta-feira

Desculpe, ando sumida daqui.

O ano já está quase acabando, só tenho mais uma semana de provas e depois férias. A professora disse que me recuperei bem, então não vou ficar de recuperação. Mas agora eu nem ligaria se ficasse.

Minha mãe tem tocado bastante no assunto do meu canal. Ela viu que me arrependi de toda a maluquice que fiz. Onde eu estava com a cabeça? Sabe, aquela panela com água fervente poderia ter virado em cima de mim. Nossa! Não gosto nem de imaginar.

Mas já disse, está decidido, acabou. Às vezes me pego com vontade de gravar, lembrando da noite de Ano-novo, quando decidi o que queria. Mas não sabia que teria que passar por tudo isso. Se eu disser que não gostaria de ser uma youtuber, estarei mentindo, mas cansei de fazer besteira, de ficar angustiada, de fazer tudo em vão.

#pontofinal

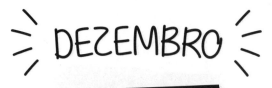

DEZEMBRO

21/12, segunda-feira

Daqui 4 dias é Natal. A Marcelinha e os pais dela, meus tios, resolveram passar o Natal lá nos Estados Unidos.

Minha avó vai chegar do interior amanhã pra passar o Natal e o Ano-Novo com a gente. Depois disso vamos levá-la de volta pra casa e ficar uns dias na ~~caverna~~ casa dela.

#entediada

31/12, quarta-feira

Oi! Eu sei que ando bem sumida daqui, mas também não tenho muita coisa pra contar... Estamos no último dia do ano. Eu esperava estar aqui escrevendo o quanto é legal realizar nossos sonhos, mas infelizmente não realizei o meu. Sonhos são uma grande besteira. Só servem pra iludir a gente.

Daqui algumas horas começa o ano novo.

Se eu vou fazer um pedido? Claro que não. A Malu já me ligou hoje pra dizer que meu sonho ainda pode se realizar. Queria que pelo menos ela estivesse aqui. Mas ela foi pra casa do pai dela e só volta semana que vem, quando vou estar na minha avó.

Minha mãe e meu pai estão com a vovó na cozinha, com aquelas conversas chatas de adulto.

O Gui está trancado com o Gnomo no quarto dele, ele vai passar a virada do ano lá. Disse que o gato precisa de companhia pra não se assustar com os fogos.

Eu vou descer, comer e depois dizer que estou com dor de cabeça e subir pra dormir. Boa noite.

#soqueroqueacabelogo

JANEIRO

01/01, sexta-feira

Estamos nos arrumando pra ir pra casa da vovó, vamos ficar 10 dias lá.

Ontem à noite decidi gravar o último vídeo do canal com a câmera que ganhei da minha tia. Foi um desabafo. Achei que devia dar uma satisfação pros meus inscritos, mesmo que sejam poucas pessoas.

Eu tinha um sonho, e foi isso que me moveu, mas quer saber? O único sonho em que eu acredito agora é aquele que vende na padaria!

143

Minha avó vive em outro planeta.
No planeta dela existe uma
tal de fita VHS e uma coisa
chamada videocassete, parece
palavrão, né?

Minha festa de 11 inscritos foi um fiasco. Teve gente que até comeu argila! Não vou citar nomes, é claro, mas foi decepcionante. Desculpe, Talita, mas aquilo foi bem nojento.

Eu não tenho um material escolar descolado, então resolvi filmar o material escolar de outra menina da sala, escondido, é claro! Bom, Larissa, agora você sabe por que foi chamada na secretaria aquele dia. Desculpe, foi mal.

Eu não aguentava mais fazer aqueles vídeos sobre brinquedos. Eu adoro assistir a esse tipo de vídeo, mas fazer parece muito chato. Até brigar com a minha melhor amiga eu briguei por isso.

Pensei que ia ser um grande furo de reportagem encontrar gnomos de verdade no jardim, mas encontramos só um gato sujo.

Fazer a novelinha foi a melhor coisa pra mim, me diverti muito. Até ter a brilhante ideia, só que não, de usar água fervendo num vídeo. Quando vi o fogo subindo pela cortina, tive vontade de fugir da cidade e mudar de nome.

E é por isso que acabou. Obrigada a todos vocês, sete, oito inscritos, nossa, quanta gente, né? Obrigada por terem me aturado. Tchau.

05/01, terça-feira

Na caverna da vovó...

11/01, segunda-feira

Na caverna da vovó...

15/01, sexta-feira

VOCÊ NÃO VAI ACREDITAAAAAAAAR!!!

Cheguei ontem da casa da vovó. Foram 14 dias sem internet, com um sinal horrível de celular e muitas fotos de flores e plantas. Esse tempo todo eu não fazia ideia do que estava acontecendo. Até chegar em casa e receber uma ligação da Malu. Ela estava ansiosa, tentou me ligar a semana toda, mas todos os celulares estavam dando caixa postal.

Foi então que a Malu explicou que a mãe dela viu o meu último vídeo, aquele do desabafo, achou muito engraçado e postou nas redes sociais dela, e então um amigo dela que trabalha na TV assistiu e também achou bem engraçado. Tudo normal se parasse por aí, né? Mas o amigo da mãe da Malu resolveu colocar meu vídeo no programa de TV em que ele trabalha, num quadro chamado "tesouros da internet".

Resultado?

Desabafo #adeus

MilaTuber433
✓ Inscrito | 9.987   39.733 visualizações

Quase desmaiei quando vi. Achei que fosse alguma brincadeira de mau gosto, mas, quando a ficha caiu, eu quase caí sentada no chão. EU BOMBEI NA INTERNET! Meu vídeo estava cheio de comentários.

Lukinha_Games Há 5 horas
Você é muito autêntica. Não abandona o canal não.

Responder ·

Linda_Oficial Há 1 dia
Nossa, me identifiquei com você. Obrigada por dizer o que pensa.

Responder ·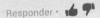

GuGa-007 Há 3 dias
Você é muito linda e engraçada! Boa sorte!

Responder ·

Jamile08 Há 3 dias
Virei fã!

Responder ·

Minha família ficou superfeliz por mim. Até o Gnomo parece que entendeu o que estava acontecendo e ficou ronronando. O Gui me abraçou tão forte que parecia que ia me quebrar.

Até agora eu estou em estado de euforia. Meu sonho se tornou realidade! Tenho mais inscritos que a Giorgina, aquela youtuber da minha escola, aliás, muito mais!

#viralizei

Semana que vem vou participar do programa de TV que me "descobriu", e um montão de gente vai assistir aos meus vídeos! ESTOU MUITO FELIZ! Será que a Julia Silva assistiu ao meu vídeo?

Falando em Julia Silva, terminei de assistir agora ao vídeo em que ela responde minha cartinha! Lembra que ela postou o vídeo um dia depois do incêndio? Eu estava tão chateada que nem terminei de assistir. Mas hoje eu estou feliz! E meu sonho está mais vivo que nunca.

#partiuverovideo

... Bom, já falamos sobre a importância de ter um adulto por perto, e a segunda dica é: seja você mesmo! Isso pode parecer clichê, mas é o essencial pra que o seu canal seja autêntico e dure bastante. Quando somos nós mesmos e falamos do que gostamos, as pessoas conseguem perceber nosso amor e nossa dedicação. A nossa felicidade de falar sobre um determinado assunto transparece no vídeo e isso conquista pessoas que se identificam com a gente e com o conteúdo do nosso canal.

Além disso, ninguém consegue fingir ser o que não é por muito tempo. A pergunta seguinte da Mila é: "Qual é a fórmula mágica pro sucesso?". Bom, não existe uma fórmula mágica. Quando eu comecei a gravar os meus vídeos, eu nem sabia que alguém iria me assistir, nem que ia fazer sucesso, queria apenas me divertir. Estava triste, com saudades do meu pai e só queria ficar feliz.

Com o tempo fui percebendo que poderia fazer outras pessoas felizes e isso é bom demais. O que mais me motiva a continuar postando vídeos é fazer as pessoas felizes.

O mais importante de gravar vídeos é se divertir. Fale do que você gosta, das coisas pelas quais você se interessa, brinque e faça amigos. Se uma única pessoa assistir aos seus vídeos e ficar feliz já é bom demais.

Escute o seu público também e sempre que possível faça os vídeos que eles pedem nos comentários. Eu amo ler os comentários pra saber quais são os vídeos que as pessoas querem que eu faça. Tem tanta ideia legal e criativa. Isso nos ajuda bastante!

Comentários negativos e críticas sempre existirão, mas não ligue e nunca perca a sua essência por isso. Continue sempre sendo você mesma.

A última pergunta está escrita aqui embaixo com uma letra um pouco diferente... Deixa eu ver se entendi... "Você acredita em gnomo?" É isso? Se eu acredito em gnomo? Humm. Nunca tinha pensado nisso. Deixa eu pensar um pouquinho...

Ah! Uma vez eu assisti a um filme que tinha gnomos e eles eram tão fofos! Espero que existam sim, hahaha.

Bom, Mila e pessoal, é isso! Espero que vocês tenham gostado das dicas.

Beijos monstruosos e eletrizantes pra vocês!

ABRIL

17/04, domingo

Oi, diário! Sumi por três meses, né? Mas eu só tenho coisas boas pra contar! Boas não, ótimas!

Minhas aulas voltaram e a galera toda da escola estava sabendo do vídeo, várias pessoas me viram na TV. Até a Giorgina veio falar comigo. Ela sugeriu de gravarmos juntas. Eu topei. Vou dar uma força pra ela, assim quem sabe ela aprende que ajudar as pessoas é legal.

O Fabinho disse que está me seguindo e ficou à disposição pra ajudar no que eu precisasse. No fundo ele não é tão chato assim, só é bobo mesmo.

O Gui tem um programa dentro do meu canal, chama-se "Clube dos Mistérios". Ele apresenta junto com o Luca, e eles falam sobre os grandes mistérios da humanidade. Claro, falam de gnomos também!

Ah! Falando em gnomos, descobrimos que nosso gatinho, o Gnomo, na verdade era uma gatinha. Um dia chegamos da escola e ela estava amamentando três filhotinhos.

O Gui mudou o nome dela pra Fadamãe. E botou os nomes nos filhotinhos de Gnominho, Gnomão e Gnomona.

A Malu também tem um programa no canal, ela fala sobre coisas nerds. Ela descobriu um montão de gente que entende o que ela diz!

Até minha prima Marcelinha aparece de vez em quando no meu canal falando sobre... Adivinha? Disney.

A Talita é a presidente do meu fã-clube. E eu já tenho 213 fãs!

Minha mãe me deu uma caixa postal! Disse que assim as pessoas podem me mandar coisas sem que eu precise dar o endereço de casa.

A vovó descobriu que a câmera que ela me deu não serve pra gravar vídeos pra internet. Ela percebeu isso quando tentou enfiar a tal fita VHS (enorme) no notebook do meu pai.

Eu tenho sido eu mesma! E tenho contado todos os meus planos pros meus pais. Estou finalizando o roteiro de uma nova novela. Além disso, eu entrevisto as pessoas na rua e mostro o material escolar das crianças do meu colégio. Claro que é tudo com a permissão delas!

Ah! Eu também faço desabafos!

Como a Julia Silva costuma dizer: seja sempre você mesma! Não há nada melhor e mais confortável que isso.

Ah! E claro! Não deixe de acreditar nos seus sonhos, tenha muita fé e curta cada momento da caminhada, porque o caminho é tão importante quanto a linha de chegada. Divirta-se!

Julia Silva se inscreveu no seu canal.

Julia Silva · Há 10 horas

Oi Mila! Tudo bem? Seu canal é muito legal! Estou adorando os seus vídeos. Beijos monstruosos e eletrizantes!

Responder ·

#felizzzzzzzz

~~#FIM~~

#eapenasocomeço